로컬 팩트 :
공정하고 지속가능한 로컬이주정책을 위하여

SUUJI TO FACT KARA YOMITOKU CHIHO IJUU PROMOTION written by Masato Ito
Copyright © 2024 Masato Ito
All rights reserved.
Original Japanese edition published by Gakugei Shuppansha, Kyoto.
Korean translation copyright © 2025 by The Possibility Lab
This Korean language edition published by arrangement with Gakugei Shuppansha, Kyoto in care of Tuttle-Mori Agency, Inc., Tokyo through Imprima Korea Agency, Seoul.

이 책의 한국어판 저작권은 Imprima Korea Agency를 통해 Tuttle-Mori Agency, Inc.과의 독점계약으로 더가능연구소에 있습니다.
저작권법에 의해 한국 내에서 보호를 받는 저작물이므로 무단 전재와 무단 복제를 금합니다.

이 책은 2021년 대한민국 교육부와 한국연구재단의 지원을 받아 수행한 연구결과이다(과제번호 : NRF-2021S1A3A2A01096330).

서강대학교 SSK(Social Science Korea) 지역재생 연구팀은 2018년부터 교육부(한국연구재단) 지원으로 지역창업과 중간지원조직을 중심으로 지역변화의 가능성을 연구하고 있다.

로컬 팩트

공정하고 지속가능한 로컬이주정책을 위하여

이토 마사토 저
윤정구·조희정 역

더가능연구소＋
THE POSSIBILITY LAB

| 시작하며 |

이주촉진정책의 한계

한계 마을,[1] 동일본 대지진, 지방창생,[2] 코로나… 최근 20여 년간 지역에 대한 표현 이면에는 항상 '지방 이주' 혹은 '이주자'라는 존재가 있었다. 특히 정부와 지자체가 2010년대 중반 시행한 지방창생정책부터 수도권에서 그 외 지역으로 이주를 늘리려는 실험이주촉진정책이 확대되었다. 그러나 동시에 이주 촉진의 다양한 과제와 갈등도 표면화되었다.

예를 들어 2023년에는 지방 이주에 관한 몇몇 뉴스가 세간의 관심을 모았다. 후쿠이현 이케다정 홍보지에 실린 '이케다에 살기 위한 7개 조건' 논란,[3] 지역부흥협력대[4]로 활동한 남성의 이주 실패를 다룬 유튜브 콘텐츠가 수백만 조회수 기록, 고치현 도사시 지역부흥협력대였던 남성이 운영하는 카페와 지역 주민간 갈등이 SNS 댓글 논쟁을 야기한 사례 등이 대표적이다.

이런 뉴스가 알려지면 모든 것을 개인 책임과 지역 고유 문제로 돌려

---

1) 원어는 한계취락(限界集落)이다. 이 개념은 1991년 사회학자 오노 아키라(大野晃)가 처음 사용했다. 한계마을은 65세 이상 인구가 반 이상이 되어 마을의 공동생활 유지가 불가능한 마을, 거주의 한계, 공동생활 유지의 한계에 처한 마을을 의미한다. (역주)
2) 우리나라에서는 지역재생이라고 표현한다. (역주)
3) https://www.asahi.com/articles/ASR4L622GR4KOXIE02R.html (역주)
4) 일본에서 2009년부터 실시하고 있는 지역부흥협력대의 정식 명칭은 '地域おこし協力隊', 즉 '지역을 일으켜 세우는 협력대'이다. 우리나라에서는 2015년부터 지역이전협력대, 지역창조협력대, 지역만들기협력대, 지역활성화협력대, 지역진흥협력대, 지역방문협력대 등 여러 가지 명칭으로 부르다가 2015년 말부터는 지역부흥협력대라고 부르기 시작했다. 지역부흥협력대가 되면 개인은 원하는 지역(그리고 지역부흥협력대를 받겠다고 하는 지역)에서 공익사업, 창업 등의 활동을 하며 최대 3년간 월 200~300만 원의 지원금을 받는다. (역주)

버린다. 그러나 그 배경에는 정부와 지자체의 이주촉진정책이 작동하고 있다. 대도시를 제외한 대부분의 지자체에서 그런 정책들을 더욱 확대 시행하는 것이 문제인 것이다.

지역부흥협력대도 도입 가능 지자체 1,461개의 80%에 달하는 1,164개 지역에서 약 7,200명이 활동한다. 일본은 세계에서 가장 많이 지방 이주를 촉진하는 국가라 해도 과언이 아니다.

정부와 지자체는 수도권 인구 집중과 지방의 인구 감소, 저출생, 고령화, 그에 동반하는 일꾼 부족 등 다양한 과제를 해결하는 상징적 존재로서 이주자에게 큰 기대를 한다. 지역에 따라서는 일정 정도 그 기대에 부응한 성과도 나타나곤 한다. 그러나 동시에 과도한 기대 때문에 현실을 정확히 인식하지 못하는 폐단도 나타난다.

책의 구성 : 통설, 개념, 정책 그리고 실천

이 책의 원제는 '숫자와 팩트로 알아보는 지방 이주 프로모션'[5]이다. 이주촉진정책 관련 실무자나 지방 이주에 관심 있는 사람들이 뭔가 더 나은 생각을 할 수 있도록 현실을 알리고자 쓴 책이다.

지방 이주를 다루는 책이나 미디어들은 성공과 실패 사례를 단편적으로만 다루는 것이 일반적이다. 그러나 이 책은 사례보다 데이터를 중

---

5) 『数字とファクトから読み解く地方移住プロモーション』(역주)

심으로 이주 정책과 현상을 분석한다. 이제까지 당연시했던 것을 다시 생각해 보고 싶었기 때문이다.

이 책은 크게 3부로 구성했다.

제1부 '이주 촉진의 '당연한 사실'을 다시 생각하다'에서는 지방 이주와 이주촉진정책에 대한 상식을 되돌아본다. 예를 들어 어느 지역에 I턴과 U턴이 많을까, 이주를 위한 경제적 지원은 정말 효과적일까, 정말 지금 지방 이주가 붐인가, 관계인구를 이주하게 만들려는 정책은 적절한가 등에 대해 알아본다.

이러한 세간의 '상식'을 다시 생각하며 통설의 좋은 부분과 주의해야 할 부분을 알아본다. 정부와 타지역으로부터 잘못된 영향을 받거나 지역 목표의 방향성을 잃지 않기 위해 이런 접근은 매우 중요하다.

제2부 '키워드로 보는 지방 이주와 이주 촉진'에서는 최근 자주 듣는 이주 관련 용어를 중심으로 이주 촉진 현상과 과제를 알아본다.

새로운 용어의 등장은 특정 이주 유형을 표현하며 이주를 촉진한다. 또한 지금까지 다루지 않았던 대상을 새롭게 포함시켜 이주 지원을 늘리기도 한다. 그러나 새로운 용어나 그에 수반되는 정책에 대한 관심이 늘면 이주 기회 격차가 더 벌어지거나 정당성이나 효과가 의심스러운 정책이 확대되기도 한다.

다만, 제2부는 사전처럼 용어 설명으로 구성했기 때문에 관심 있는 항목부터 읽어도 좋을 것 같다.

제3부 '공정하고 지속가능한 이주 촉진 방법'에서는 행정, 이주자 그리고 지역에게 공정하고 지속가능한 이주를 촉진할 수 있는 사고방식과

방법을 제시한다.

어떻게 하면 지자체들의 과도한 이주 확보 경쟁에서 벗어날 수 있을까, 이주 촉진에서 양과 질 어느 쪽이 중요한가, 성과지표에 휘둘리지 않는 이주 촉진을 어떻게 실현할 수 있을까, 어떻게 이주자와 주민의 갈등을 극복할 수 있을까 등 실천적이고 기본적인 논점을 다룬다. 제3부는 기존 정책과 비교하며 읽으면 좋을 내용들이다.

이주 정책의 핵심 가치

이 책은 일관되게 '공정' 가치를 중심으로 논한다. 언뜻 과장되고 딱딱한 접근이라고 생각할 수 있지만 지금 지방이주정책들은 격차와 불평등을 심화시킨다. 예를 들어 "나는 이주자라고 생각하는데 지원 대상에 포함되지 않는다", "왜 특정 사람만 지원 대상인가"라는 불평도 많이 제기되곤 한다.

2024년 8월, 정부가 결혼을 계기로 지방에 이주하는 여성에 대한 지원금제도를 신설한다고 발표하자 논란이 이어져 철회한 사건도 있다.[6] 한편, 정책 역사 속에서 이주 정책은 비교적 새로운 것이기 때문에 무엇이 '이주'이고, '이주 정책'인지, 정책적으로 이주를 촉진·지원하는 것의

---

6) 2024년, 일본 정부는 도쿄 23구에 거주하거나 근무하는 미혼 여성이 결혼을 위해 지방에 이주하면 지자체가 60만 엔을 지급하는 제도를 검토한다고 발표했다. 이에 대해 많은 논란이 일자 정책은 시행되지 않았다. 이 제도에 대한 저자의 비판 글은 https://tinyurl.com/28b3ypla 참조. (역주)

정당성은 무엇인지에 대한 근본적 논의가 충분히 진행되지 않고 있다.

이 책은 '공정'과 함께 '지속가능' 가치도 강조한다. 즉, 이주 희망자, 이주자, 그리고 미래세대 모두 상생하는 정책이 수립되어야 한다. 과도한 경쟁으로 피폐해지거나 정책 시행으로 새로운 문제가 발생하거나 갈등이 생기지 않도록 노력해야 한다.

모쪼록 이러한 주장과 내용이 독자들께 잘 전달되기 바란다.

| 목차 |

시작하며 …5

제1부 이주 촉진의 '당연한 사실'을 다시 생각하다

    1-1 30년 전부터 지방 이주는 붐이었다 …16
    1-2 구체적으로 이주를 계획하는 사람은 불과 2%!? …22
    1-3 50년간 변치 않는 이주 희망 비율과 일자리라는 장애물 …29
    1-4 간과하기 쉬운 이주 포기 원인 …35
    1-5 코로나가 지방 이주에 끼친 영향 …40
    1-6 국가는 왜 이주를 촉진하는가 …46
    1-7 외국의 다양한 이주 촉진 사례 …53
    1-8 이주의 계기는 역시 관광 경험 …60
    1-9 이주 지원금 효과는 일회적 …64
    1-10 '이주자=I턴' 구도 속에 소외되는 계층 …69

제2부 키워드로 보는 지방 이주와 이주 촉진

    2-1 **이주 창업** 핵심은 지역과 관계 형성 및 상담 가능한 시스템 만들기 …78
    2-2 **교육 이주** 지방 고유의 교육환경이 이주자를 끌어들인다 …84
    2-3 **이주 결혼** 수요와 선택지에 대한 고찰 …92
    2-4 **다운 시프트** '수입이 줄어도 이주 희망자는 많다'는 속설 …98
    2-5 **요양 이주** 고령화 사회, 지방의 대응 …103
    2-6 **관계인구** 관계하지 않는다는 새로운 비판 …109
    2-7 **성지 이주** 마중받는 측에서 마중하는 쪽이 되다 …115
    2-8 **라이프스타일 이주** 경제적 성공보다 삶의 질을 중시하는 이주 …121
    2-9 **루럴·젠트리피케이션** 지방 이주 증가 때문에 생기는 문제 …126
    2-10 **이직 없는 이주** 가능한 사람과 불가능한 사람 사이의 격차 …131
    2-11 **이주 매칭** 기술 혁신으로 등장한 새로운 프로모션 …138
    2-12 **지방 이주의 상품화** 이주의 소비화는 무엇을 야기하는가 …145

제3부 공정하고 지속가능한 이주 촉진을 위한 접근법

3-1 과도한 지자체간 경쟁에서 탈피 …154
3-2 유익하고 우수한 이주자라는 발상 탈피 …160
3-3 '양'과 '질'의 이분법 탈피 …164
3-4 인구 중심 KPI에서 가치관 변화를 묻는 KPI로 …169
3-5 이주 순위와 적당한 거리감을 두며 교류 …176
3-6 광역 연대의 중요성 / 고치현 '2단계 이주 정책'의 핵심 가치 …182
3-7 이주 실태 파악을 위한 노하우 …188
3-8 담당자의 개인적 경험을 살리다 …196
3-9 이주자와 지역 주민의 갈등을 방지할 수 있는 11가지 아이디어 …200
3-10 격차 확대를 막기 위해 정의(正義) 관점이 필요 …207
3-11 이주하고 싶은 사람을 늘릴 것이 아니라 이주하고 싶은 사람을 격려하는 정책으로 …212

부록 | 지방 이주 분야 추천도서 10권 …217
끝내며 …223
역자 후기 …225

표 목차

〈표 1-1〉 주요 잡지의 '지방이주 붐·인기' 특집 연재 제목(1986~2009년)…19
〈표 2-1〉 수도권의 성별·연령별 지방 이주 관심도…25
〈표 3-1〉 일자리와 지방 이주 의사에 대한 시기별 조사 결과…33
〈표 4-1〉 남녀의 지방 이주 포기 원인 차이…37
〈표 4-2〉 지방 이주 계획자가 계획을 중단한 주요 원인…38
〈표 5-1〉 코로나 시기의 지자체의 이주 상담·이주자 증감 변화…41
〈표 5-2〉 사회경제적 안정도별 2개 이주층의 특징…43
〈표 6-1〉 60세 이상 신규 영농인 규모(1994~2009년)…48
〈표 6-2〉 국토계획에 나타난 이주 촉진의 논거 변화…51
〈표 2-5-1〉 요양 이주에 대한 관심 형성과정…104
〈표 2-6-1〉 관계인구에 대한 다양한 정의…109
〈표 2-8-1〉 라이프스타일 이주의 특징…122
〈표 2-10-1〉 지방 이주에 관심이 있는 사람 또는 이주자 중 원격근무를 이유로 제시한 응답자 비율과 세대 연수입…136
〈표 2-11-1〉 주요 이주 매칭 서비스…139
〈표 3-4-1〉 지방창생 추진사무국의 KPI 설정 예시…172
〈표 3-4-2〉 새로운 이주 촉진 KPI(안)…175
〈표 3-5-1〉 주요 이주 순위 종류…177
〈표 3-7-1〉 이주 실태 조사 종류와 조사 대상…189
〈표 3-7-2〉 도쿄 거주자의 이주 의향 조사 항목…190
〈표 3-9-1〉 갈등 방지 방법…204

사진 목차

〈사진 10-1〉 청년회의소 개최 U턴 이벤트…75
〈사진 2-2-1〉 오히나타 초중학교(상), 가루이자와 가자코시학원(하)…89
〈사진 2-3-1〉 지자체의 이주 결혼 홍보물…97
〈사진 2-12-1〉 『멋진 시골살이』와 『시골살이 책』…147
〈사진 2-12-2〉 『U턴 I턴 B-ing』 2004년 겨울호…148
〈사진 3-8-1〉 안즈루 노트…198

그림 목차

〈그림 1-1〉 시기별·키워드별 지방 이주 관련 책 출판량(1970~2022년)…17
〈그림 2-1〉 후루사토회귀지원센터의 이주 상담 건수(2008~2023년)…23
〈그림 2-2〉 지역별 이주 상담 건수…24
〈그림 2-3〉 지역별 이주자 수와 전입자 비율(2022년)…27
〈그림 3-1〉 지방 이주에 관심 있는 기혼 청년층의 이주 방해요인…30
〈그림 7-1〉 2023년 귀농어촌 인구 통계 개요(한국)…54
〈그림 7-2〉 Our Living Islands(아일랜드)…57
〈그림 8-1〉 수도권 거주 이주 희망자의 이주 정보 수집 수단…62
〈그림 8-2〉 관광 경험과 이주 의도 모델…63
〈그림 9-1〉 국내 최고 수준 이주 지원금 홍보자료(미야코노죠시)…65
〈그림 9-2〉 각 지자체의 지원금을 소개하는 잡지 홍보…67
〈그림 10-1〉 과소관계 시정촌의 이주자 분류…71
〈그림 10-2〉 주민의 거주 이유(미요시시)…72
〈그림 2-1-1〉 이주 창업의 계기…79
〈그림 2-1-2〉 지역에 적응 여부와 이주 창업의 채산 상황…81
〈그림 2-1-3〉 창업할 때 이용한 지원제도와 상담처…83
〈그림 2-2-1〉 교육 이주 분류…85
〈그림 2-2-2〉 사코호정 위치…88
〈그림 2-3-1〉 지방 이주 결혼에 대한 관심도…93
〈그림 2-4-1〉 이주할 때 세대 연수입의 증감 허용 범위…100
〈그림 2-4-2〉 이주시 연령별 연수입 감소 허용 범위…101
〈그림 2-5-1〉 다테 웰시랜드 계획 구조…106
〈그림 2-6-1〉 관계인구 증가의 지역 효과…111
〈그림 2-6-2〉 지자체의 온라인 관계인구 정책 실시 여부에 따른 이주 상담 건수…112
〈그림 2-7-1〉 주요 성지 이주 지역과 작품명…116
〈그림 2-7-2〉 성지 이주 과정…118
〈그림 2-9-1〉 루럴·젠트리피케이션 구조…128
〈그림 2-10-1〉 지역별 취업자의 원격근무/재택근무 실시율…133
〈그림 2-11-1〉 주요 이주 매칭 서비스의 웹사이트…142
〈그림 2-12-1〉 지역을 주제로 한 서비스 및 미디어 맵(2022년)…149
〈그림 2-12-2〉 AI 이주 상담과 이주 매칭서비스…149

〈그림 3-1-1〉 '지자체간 경쟁이 심해지고 있는가'에 대한 단체장의 응답…155
〈그림 3-1-2〉 이주자 획득경쟁에 대한 단체장의 평가…156
〈그림 3-6-1〉 고치 2단계 이주 모델…184
〈그림 3-6-2〉 고치 2단계 이주 웹사이트…184
〈그림 3-8-2〉 이주 검토자에게 우편 발송하는 안즈루 노트…199
〈그림 3-9-1〉 지역 주민과 갈등을 경험한 지역부흥협력대원 비율…201
〈그림 3-10-1〉 이주자를 고려하는 다양한 관점…209
〈그림 3-10-2〉 이주촉진정책의 다차원적 정의…211

제1부

이주 촉진의 '당연한 사실'을 다시 생각하다

1-1
30년 전부터 지방 이주는 붐이었다

지금, 지방 이주가 진짜 붐인가

"지금 지방 이주가 붐입니다!"
"요즘 지방 이주가 인기입니다"
이런 말을 들은 적이 있을 것이다.
과연 그러한가? 언제부터 그랬을까? 이런 표현에 휘둘려 갑자기 이주촉진정책을 만드는 것이 적절한가?
'붐'은 어떤 일이 갑자기 주목받아 인기가 급상승하는 현상을 말한다. 지방 이주가 붐이라면 세 가지 점을 자세히 살펴봐야 한다.
첫째, 지방의 전입자 수와 이주자 수가 급격히 또는 일시적으로 증가하는가(이 책의 1-2장 참조).
둘째, 지방 이주에 관한 기사나 콘텐츠가 급증하고 관심을 끌고 있는가.
셋째, '지방 이주가 붐'이라는 취지의 표현이 각종 미디어에 등장하는가.
이 글은 둘째와 셋째 문제를 검증해본다.

2010년대 중반~2020년대 전반, 이주 관련 출판과 보도 급증

〈그림 1-1〉은 시기별 지방 이주 관련 책 출판량이다.[7] 키워드를 '지방 이주'로 한정하면 2010년대 후반부터 출판량이 급증한다.

한편, 지방 이주와 유사한 출판물 키워드로는 1990년대 후반부터 '시골살이(전원생활)', 2000년대부터 2010년대에 걸쳐 'I턴'과 'U턴'이 늘고 있다.

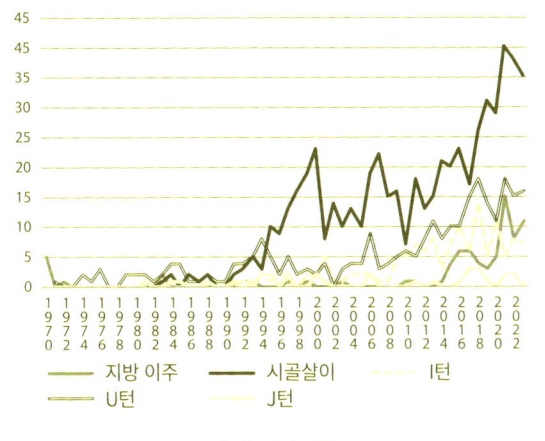

출처 : 저자 작성

이주 관련 신문 보도는 1970년대 이후부터 간헐적으로 등장하여 지금까지 상승세다. 특히 2007년부터 진행된 전후(戰後)세대의 대량 정년

---

7) 국립국회도서관 도서 검색에서 '지방 이주', '시골살이', 'I턴', 'U턴', 'J턴' 등 5개 키워드로 검색한 결과

퇴직으로 인한 귀향 움직임, 2014년 정부의 지방창생정책 시행, 2020년 코로나 시기에 보도량이 늘었다.[8] 그러나 신문 보도 경향도 책 출판 경향처럼 키워드에 따라 증감 정도가 다르다. 즉 키워드에 따라 관심 정도가 다르게 나타난다.

30년 이상 지속된 '지방 이주가 붐'이라는 표현

다른 측면에서 지방 이주 붐을 검증해 보자.

내가 전공한 사회학에는 '사회적 사건이나 현상은 사람으로부터 독립하여 객관적으로 존재하는 것이 아니라 언어와 표상에 따라 매개되고 구성된다'는 구성주의 사고방식이 있다. 구성주의 관점으로 보면 '지역 이주가 붐입니다'라는 표현 자체가 지방 이주 붐을 구성한다고 평가할 수 있다.

〈그림 1-1〉에 보듯 2010년대부터 지방 이주에 사회적 관심이 증가했다. 그 이전에는 관심이 상대적으로 적게 나타났다. 그러면 2000년대까지 '지금 지방 이주가 붐'이라는 주장은 전혀 없었을까?

그렇지 않다. 〈표 1-1〉은 1986년부터 2009년까지 20여 년간 지방 이주 인기를 특집으로 다룬 잡지 기사의 일부를 정리한 것이다. 1990년 이후부터 매해, 지방 이주나 시골살이 인기에 대한 기사들이 존재했다.

---

[8] 伊藤将人. 2024.03.「戦後日本における地方移住政策の登場と変遷:政策的移住促進というアイディアと人材としての「移住者」への期待」. 히토쓰바시대학 사회학연구과 박사학위논문.

사용한 키워드는 '시골살이', '이주', '탈 도쿄', '이민족', 'I턴' 등 다양하다. '조용한 붐', '은밀한 인기' 등 정도를 표현하는 말과 함께 '지방 이주가 인기'라는 기사는 계속 있었다.

〈표 1-1〉 주요 잡지의 '지방이주 붐·인기' 특집 연재 제목(1986~2009년)

연도	제목
1986년	"과거의 별장 붐과 조금 다른 '시골살이'가 은근 인기"(NEXT 1986.7)
1990년	"'시골 별장족', 그곳에 정착한 '이민족', 교외에 농지를 보유하고 농사짓는 '주말농장' 등이 **조용한 붐**"(旅の手帳 1990.12)
1991년	"도시탈출 **시골살이가 트렌드?**"(アビタン 1991.10)
1992년	"세상은 **시골살이**로 성황이다"(サンデー毎日 1992.05.31.)
1993년	"지금처럼 도시인의 시골살이 자랑을 자주 듣는 시대는 없었다"(SPA 1993.9.8.)
1994년	"시골살이가 **지금 다시 주목받고** 있다"(SPA 1994.5.25.)
1996년	"도시에서 지방으로 이주하는 I턴이 **조용한 붐**을 일으키고 있다"(宝島 1997.7.24.)
1997년	"**조용한 붐**"「탈도쿄」U턴 인생의 행복도!(アサヒ芸能 1997.1.16.)
1998년	"지금 **시골살이**가 붐이라고 말한다"(プレジデント 1998.11)
1999년	"지금은 몇 번째 '**시골살이**' 붐인가"(アサヒグラフ 1999.2.12.)
2000년	"**시골살이** 붐의 수수께끼"(Voice 2000.7)
2001년	"도시를 떠나 **자연 속 삶을 선택하는 사람 증가중**"(オレンジページ 2000.8.17.)
2002년	"도시에서 시골로, 노후의 거처를 찾는 이주는 이미 **조용한 붐**"(Yomiuri Weekly 2002.7.14.)
2003년	"정년 후에 **이주하는 사람들이 끊이지 않는다**"(Yomiuri Weekly 2003.2.23.)
2004년	"붐! 지금 오키나와 이주자가 주목하는 꿈의 섬"(週刊ポスト 2004.8.6.)
2005년	"최근에는 **시골살이가 붐**"(実話GONナックルズ 2005.10)
2006년	"현재 **시골살이가 대인기**다"(週刊ダイヤモンド 2006.10.28.)
2007년	"남쪽 섬으로 **이주 붐**이 일어나고 있다"(広告 2007)
2009년	"지금 '**고향에 돌아와 일하고 싶다**'는 사람이 늘고 있다!"(non·no 2009.5.20.)

*출처: 저자 작성

'지방 이주 붐'에 대한 검토 필요

보통은 그냥 '지금 지방 이주가 붐'이라는 표현을 무심결에 쓴다. 그러나 조사 결과, 이미 수십 년간 그런 표현은 반복되었다. 즉, '지금 과연 그러한가'에 대해서는 다시 생각해 볼 여지가 있다. 무턱대고 그 표현을 받아들여 정책을 추진하는 것이 옳은지 생각해야 한다.

물론 '어쨌든 이주하면 좋은 것이니 찬물 끼얹지 마라!"라는 반론도 있을 것이다. 그러나 이 책에서 다면적 검토가 필요하다고 주장하는 이유는 이미 과거에도 부정확하고 불확실한 지방 이주 붐을 근거로 잘못된 정책이 추진되고 기대 과잉이 형성되는 폐해가 나타났기 때문이다.[9]

2007년 전후 나타난 '전후세대의 대량 이주'에 대한 기대가 대표적인 사례다. 당시에는 (기대와 달리) '2007년 전후세대가 대량 이주하지 않은 것은 정년 연장과 이주촉진정책 실패가 원인'이라는 분석이 지배적이었다.

물론 실제로는 확실히 지방 이주에 대한 관심은 높았고 다만 '대량' 이주라는 기대가 과잉적이었다고 평가할 수도 있다. 그렇다면 더욱, 신뢰성 낮은 단편적 조사와 예측에 의존한 낙관적 논의가 퍼져 그럴듯한 '붐'이 생긴 것이 아닐까.

결과적으로 당시에는 이주촉진정책을 처음 실시한 지자체들이 많았지만 그들의 기대와 달리 이주자가 별로 없어서 낙담한 곳도 있었다. 한

---

[9] 伊藤将人. 2023. "なぜ団塊世代の地方移住は積極的に促進されたのか : 国の研究会報告書における移住促進言説の正当化/正統化戦略に着目して."『日本地域政策研究』Vol.31 : 40~49.

정된 예산과 시간, 인원으로 진행된 정부사업이야말로 '지방 이주 붐'에 휘둘리지 않는 것이 중요한 것이다.

1-2
구체적으로 이주를 계획하는 사람은 불과 2%!?

이주 상담자 증가

'이주 상담자 수', '이주 상담 건수'는 이주촉진정책 성과와 지방 이주에 대한 관심을 측정하는 지표다. 대부분의 지자체가 이주촉진정책 주요 성과지표(Key Performance Indicator, KPI)로 이주 상담자 수 증가를 설정하고, 그 결과를 정책 효과 측정 및 정책 정당화 근거로 사용한다.

후루사토회귀지원센터[10]가 매해 발표하는 이주 상담 건수는 규모와 역사에서 신뢰성 높은 지표다.[11] 센터의 2023년 자료에 의하면 1년간 신규 방문 상담자 8,164명, 세미나 참가자 10,700명이다. 중복 인원을 제외하면 방문 상담과 세미나 참가는 비슷한 수준이다.

2008년부터 이주 상담 건수를 정리한 〈그림 2-1〉을 보면, 코로나가 발생한 2020년을 제외하면 대체로 증가하는 추세다. 최근 온라인 서비스가 개선되면서 2020년대부터 방문·세미나 참여 등과 전화 문의 간에 차이가 거의 없는 것도 특징이다.

---

10) 후루사토회귀지원센터(https://www.furusatokaiki.net/)는 일종의 이주지원기관이다. (역주)
11) 認定NPO法人ふるさと回帰支援センター. 2024. 「2023年の移住相談の傾向 移住希望地ランキング公開」(https://tinyurl.com/2yokpyyv)

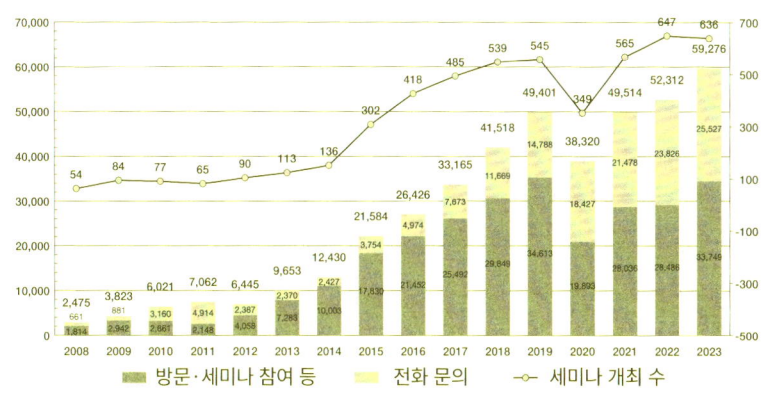

<그림 2-1> 후루사토회귀지원센터의 이주 상담 건수(2008~2023년)

* 출처: 후루사토회귀지원센터(https://tinyurl.com/2yokpyyv)

상담자는 남녀 차가 적고, 20대 이하와 30대 상담자가 약 45%를 차지한다. 최근 2년 동안 장년층 상담자 수도 약간 늘었다. 2000년대 중반까지 전후세대의 퇴직으로 인해 이주 관심이 높았지만 그 후부터 청년층의 관심도 높아지고 있다. 이런 장기적인 동향은 변하지 않는 한편 상대적으로 장년층의 이주 상담 비율 증가 현상은 주목할 만한 특징이다.

2022년 각 도도부현 및 시정촌[12] 이주 상담 창구의 접수 현황에 의하면,[13] 총 상담 건수는 37만 300건(방문 305,000건, 이벤트 65,300건)에 달한다. 상담 건수가 많은 지역은 홋카이도, 후쿠시마현, 나가노현, 효고현, 시즈오카현 등이다. 지방창생정책이 본격화한 2015년과 비교하면 상담 건수는 2.6배 정도 늘었다.

---

12) 도도부현과 시정촌은 우리나라의 시군구, 읍면동 같은 일본의 행정 단위이다. (역주)
13) 이주상담창구에서 접수한 상담 건수 자료는 https://www.soumu.go.jp/main_content/00912268.pdf 참조.

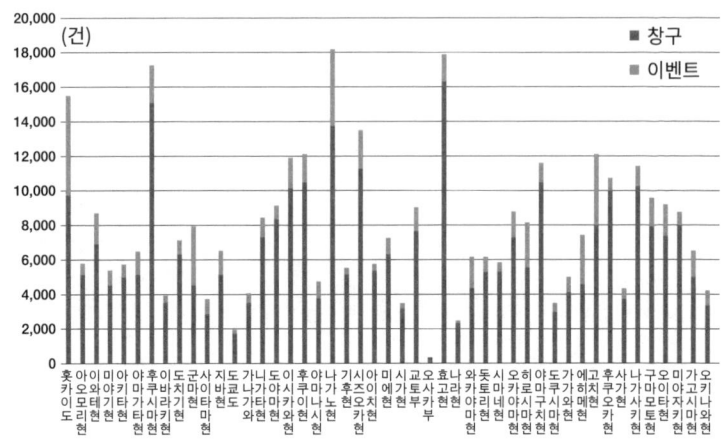

* 출처 : https://www.soumu.go.jp/main_content/00912268.pdf

구체적으로 이주를 검토·계획하는 비율은 2%

과거 10~15년 데이터에 나타나듯 이주 상담 수는 증가하고 있다. 이 부분에서 주목할 것은 이주 관심자 중 구체적으로 어느 정도가 실제로 이주를 검토하고 행동하는가이다.

후루사토회귀지원센터가 2021년 도쿄도, 가나가와현, 지바현, 사이타마현 등 1도 3현의 20~74세 남녀 15,000명을 대상으로 실시한 조사에 의하면 수도권 생활자 가운데 전출·이주에 관심 있음 24.2%, 지방을 이주지로 생각 중 12.3%, 지방 이주에 관심 있음 6.4% 그리고 지방 이주를

구체적으로 계획하는 사람은 2.1%였다.[14]

〈표 2-1〉은 지방 이주 관심자의 세부 비율이다. 청년층에서 상대적으로 높게 나타났고, 전체적으로 남성이 여성보다 관심이 높으며 이런 경향은 50대 이상에서 현저하게 나타났다. 또한 구체적으로 이주를 계획하고 있다고 응답한 비율도 청년층이 높고, 20~30대 남성, 20~30대 여성, 50대 남성, 40대 남성, 60~74세 남성 순으로 높은 것으로 나타났다.

〈표 2-1〉 수도권의 성별·연령별 지방 이주 관심도

	단위(명)	합계(%)	현재 거주지에 살면서 위화감을 느낌(%)	전출 이주에 관심 있음(%)	구체적으로 지방 이주를 계획중(%)
총 응답자 수	15,000	12.3	3.7	6.4	2.1
남성 20~30대	2,523	16.0	3.7	8.1	4.2
남성 40대	1,757	15.0	4.8	8.1	2.0
남성 50대	1,511	14.7	5.4	6.8	2.6
남성 60~74세	1,846	9.5	2.9	5.5	1.1
여성 20~30대	2,405	13.4	3.0	7.0	3.3
여성 40대	1,646	11.6	4.2	6.8	0.6
여성 50대	1,394	9.8	4.2	4.7	0.8
여성 60~74세	1,918	6.5	2.4	3.5	0.6

* 출처 : 후루사토회귀지원센터(2021)

한편 내각관방의 2020년 '이주 증가 홍보 전략 수립 조사'에 의하면 1년 내 또는 조건이 되면, 거의 결정한 지역으로 곧바로 이주하려는 층

---

14) 후루사토회귀지원센터. 2021. "수도권 지방 이주 희망자는 309만 명."(https://tinyurl.com/284f4pjxw)

은 20~59세 도쿄권 거주자 중 2.2%, 지방권 출신자 3.9%, 도쿄권 출신자 1.7%로 나타났다.15)

이주 상담자 수가 증가하니 실제 이주도 대폭 늘겠다고 기대할 수 있지만 실상은 수도권 거주자의 약 75%는 전출과 이주에 반드시 관심 있는 것은 아니었다. 오히려 이주에 관한 구체적 행동을 보이거나 계획하는 비율은 2%대에 불과했다.

이런 현실을 정확히 파악하지 않고 '지방 이주 희망자가 급증한다', '대도시 거주자의 대부분이 지방 이주를 희망한다'는 인식을 심으면 정책 방향성과 구체적인 사업 검토에서 판단을 그르칠 수 있으므로 주의해야 한다.

최근에는 지방 이주에 대한 사회·정책적 관심이 높아지면서 민·관 모두 다양한 조사결과를 발표한다. 그중에는 신뢰도 높은 조사도 있지만 기업 홍보 차원에서 과도하게 기대를 부추기며 자사 서비스에 유리한 수치만 발표하는 조사나 통계적으로 문제 있는 조사도 있다.

따라서 현실을 정확하게 이해하기 위해서는 넘쳐나는 조사 결과에 현혹되지 않고 명확한 자료에 근거하여 판단해야 한다.

---

15) 内閣官房まち·ひと·しごと創生本部事務局. 2020. 「移住等の増加に向けた広報戦略の立案·実施のための調査事業 報告書」.(https://tinyurl.com/255b3xhu)

이주자 수와 전입자 수

잘못 인식하기 쉬운 대표적인 지표는 '이주자 수'와 '전입자 수'의 차이다. 반 이상의 지역이 독자적으로 '이주자'를 정의하고 매해 결과를 발표한다. 지역별로 이주자 수와 전입자 수를 산출하는 방식이 다른 것이다.

그 차이는 이주자 수와 전입자 수를 비교한 〈그림 2-3〉에서 분명히 확인할 수 있다. 이주자 수가 많은 지역과 전입자 수가 많은 지역은 사람 수의 규모나 경향도 크게 다르다. 이주자 수는 에히메현, 야마구치현, 시마네현이 많고 전입자 수는 도쿄권과 오사카부, 가나가와현이 많다. 또한 3대 도시권을 제외하면 이주자 수 상위와 전입자 수 상위권 지역은 반드시 일치하지는 않는다.

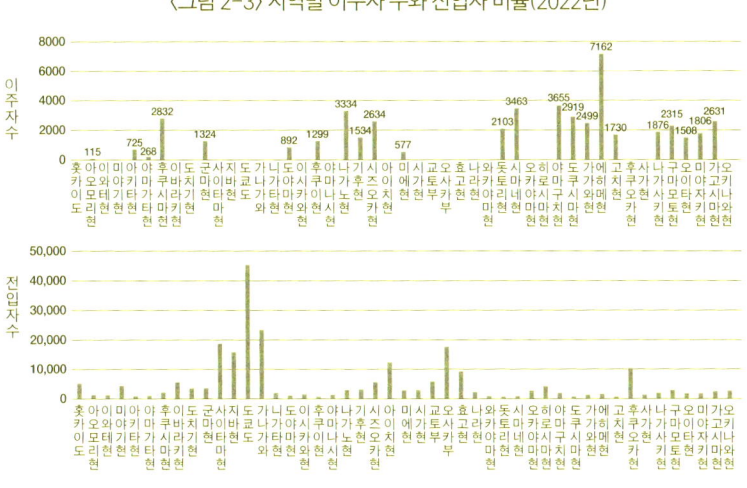

〈그림 2-3〉 지역별 이주자 수와 전입자 비율(2022년)

* 출처 : 각종 보도기사와 성과를 근거로 저자 작성

이주 촉진 업무를 담당하는 지자체 실무자들은 정확한 정의나 개념보다 우선 수치가 중요할 것이다. 그래서 이주자 수는 곧 전입자 수를 의미한다고 파악할 것이다. 그 결과, '이주자 수 최고 달성' 등으로 보도하면서 마치 지방으로 많은 사람들이 이주하는 것 같은 느낌을 형성하게 된다. 여기에 지역 주민들도 현혹되고 만다.

그러나 진정한 이주 촉진을 위해서는 각종 수치에 대한 정확한 이해, 개념, 방식과 산출과정을 공유해야 한다. 설령 결과가 부진하게 나타나더라도 데이터를 정확하게 발표해야 한다. 이주자와 이주 상담자 수 증가에만 몰입하는 정책이 되지 않도록 노력해야 한다(이 책의 3-4장 참조).

1-3
50년간 변치 않는 이주 희망 비율과 일자리라는 장애물

이주 희망과 일자리 고민

정부나 지자체는 '이주 희망자 증가'를 추진하지만 그렇다고 모두 이주하지는 않는다. 그 최대 원인은 일자리다.[16]

이주·교류추진기구의 2018년 조사에서도 그런 결과가 나타났다(《그림 3-1》).[17]

전체 응답자 중 48.4%, 즉, 두 명 중에 한 명이 일자리 때문에 이주하기 어렵다고 응답했다. 이 조사는 청년층 대상의 조사이지만 대부분의 근로 계층은 같은 상황이다.

여기까지는 상식적인 이야기다. 그러나 과거의 이주 희망과 이주 방해 요인 조사를 보면 의외의 사실을 발견하게 된다.

---

16) 이 글은 "移住促進を阻む地方の「仕事不足」:過去40年のデータから考察"(KYAKURA 2020.08.16. https://kayakura.me/work-research/)을 수정한 원고이다.

17) 一般社団法人移住·交流推進機構, 2017. 「若者の移住 調査」.(https://tinyurl.com/25hmfsc4)

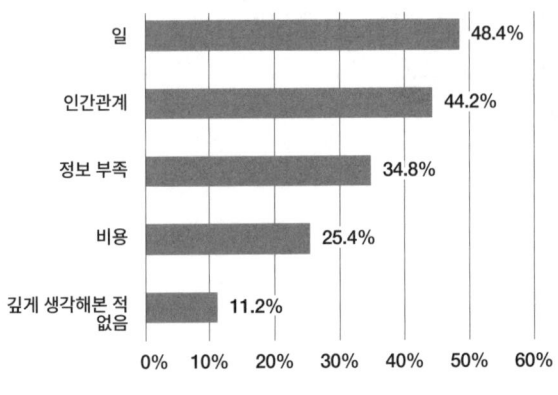

〈그림 3-1〉 지방 이주에 관심 있는 기혼 청년층의 이주 방해요인

* 출처 : 이주·교류추진기구(2018)

약 50년 전과 바뀌지 않은!? 지방 이주 희망자 비율

과거의 이주 희망과 일자리 현황을 파악하기 위해 마이니치신문에서 '지방 이주'를 키워드로 167건을 조사했다. 이 가운데 1979년 7월 4일 도쿄판 조간신문에는 '도쿄권 주민, 일자리가 있다면 절반 이상이 지방 OK, 국토청 조사'라는 제목의 기사도 있다.

내용은 옛 국토청이 1979년 7월에 실시한 '도시인의 지방 정주 의식 조사'에 의하면 지방에 살고 싶다는 사람은 도쿄권 출신자 12.5%, 지방 출신자 39.4%라는 것이다. 여기에 '수입과 일자리가 있다면'이라는 조건이 더해지면 이주할 수 있다고 응답한 사람은 도쿄권 출신자 20.8%, 지방 출신자 23.3%로 나타났다. 즉, 40~50% 규모가 지방 이주에 우호적인 것이다.

이런 결과는 (코로나로 인해 지방에 대한 관심이 높아졌다고 하지만) 지금도 마찬가지다. 코로나 시기의 내각관방 조사 결과에 의하면 도쿄권 거주 20~59세의 49.8%가 '지역살이'에 관심 있고, 수도권 출신보다 지방권 출신이 더 관심이 많은 것으로 나타났다.[18]

약 50년 전 조사와 거의 같은 수준이다. 따라서 과거와 전혀 다른 새로운 현상인 것처럼 '이주 희망자가 40%나 되는 지금이야말로 이주 촉진의 적기'라든가 '이주 희망자가 약 50%나 되니 시대의 전환점'이라고 주장하는 것은 과장이다.

또한 이주 희망자를 제대로 파악하는 것과 이주 희망자의 많고 적음을 제대로 파악하는 것이 얼마나 어려운 것인가를 알 수 있다.

물론 지금 이주 희망자가 적다고 말하려는 것은 아니다. 다만, 늘거나 줄거나 하는 단기적 관점으로 파악하며 일희일비하기보다는 중장기적 관점으로 이주 성과와 희망의 추이를 살펴볼 필요가 있다.

'일자리가 있으면 이주한다'는 비율도 마찬가지

이주를 방해하는 '일자리' 요인에 대해서도 과거와 비교해보자.

다이쇼대학 지역구상연구소는 2017년 도시에 거주하는 30대~50대

---

18) 内閣官房まち・ひと・しごと創生本部事務局, 2020, 「移住等の増加に向けた広報戦略の立案・実施のための調査事業 報告書」(https://tinyurl.com/255b3xhu)

남성 정규직을 대상으로 회사가 이주를 지원하면 이주 의사가 있는가를 조사했다.[19] 조사 결과, 그 비율은 매우 높게 나타났다. 아마도 이렇게 응답한 사람들이 코로나로 인한 원격근무/재택근무나 일부 기업의 지방 이주 장려 때문에 지방으로 이주한 것 같다.

한편, 앞서 소개한 1979년 국토청 조사에서는 '수입과 일자리가 있다면' 이주하겠다는 응답자가 도쿄권 출신 20.8%, 지방 출신 23.3%를 합하여 44.1%로 나타났다.

닛케이산업소비연구소의 1990년 수도권 거주자 2천 명 조사에서는 '일자리가 있다면 수도권을 떠나 지방 도시에 살고 싶은가'라는 질문에 대해 '그렇다'고 말한 응답자는 남성 54%, 여성 43%로 나타났다.[20]

이러한 결과에 대해 연구소 측은 '남성은 현역으로 일하며 힘든 출퇴근 러시 등으로 수도권에서 탈출하려는 성향이 강하게 나타나지만 고령으로 갈수록 '이 나이에 새삼스럽게 지방은 좀…'이라고 생각하게 되고 여성은 나이 들수록 '한가한 지방에서 살고 싶다'는 반대 현상이 나타난다'고 분석했다.

이 3개 조사는 일정 시기에 일자리를 조건으로 도시인의 지방 이주 의사를 조사한 것이다. 또한 그 결과도 언제나 40~50%는 긍정적이다 (《표3-1》).

---

19) 大正大学地域構想研究所. 2017. 「企業支援による地方移住に関する調査」. (https://tinyurl.com/28t8h5u6)
20) 일본경제신문(1990.07.20.)

〈표 3-1〉 일자리와 지방 이주 의사에 대한 시기별 조사 결과

조사시기	1979년	1990년	2017년
조사주체	국토청	닛케이산업소비연구소	다이쇼대학 지역구상연구소
조사대상	도쿄 역세권 30km 내에 거주하는 20~65세 남성 세대주 944명	수도권 20~60대 남녀 2,000명	도쿄, 오사카, 아이치에 거주하며 300명 이상 규모 회사에 근무하는 정규직 30~50대 남녀 1,055명
주요 결과	"수입과 일자리가 있다'는 조건부로 지방에 이주할 수 있다'(44.1%)	'일자리가 있으면 수도권을 떠나 지방에 이주할 수 있다'(48.5%)	'회사 지원이 있으면 지방에 이주할 수 있다'(44%)

* 출처 : 저자 작성

물론 지난 50년간 업무 개혁이나 고용 환경은 크게 달라졌다. 교통망 발전으로 지역 이동이 급증했고, IT 보급으로 업무는 대폭 디지털화되었다. 그런 분위기 속에서 2000년대부터 소호(SOHO)[21]나 노마드(nomad, 유목)라는 말이 유행했다. 또한 남녀 고용 평등으로 여성의 사회진출이 늘고 프리랜서들도 많이 나타났다. 비정규직 고용이 늘고 장시간 노동 문제가 여전하지만 어느 정도 개선된 부분도 많다.

그러나 시대를 막론하고 지방 이주를 막는 것은 결국 '일자리'다. 더 자유롭게 일할 수 있고, 더 편하게 이동할 수 있지만 과반수의 사람들이 '일자리' 때문에 대도시를 떠날 수 없다고 말한다.

마르크스와 마르크스주의자의 말을 빌리지 않더라도 생산성 향상과 자본 증식이 목표인 자본주의에서 부단한 기술혁명이 이루어져봤자 노동시간은 줄지도 않았고 편한 노동도 없는 것이 현실이다.[22]

---

21) Small Office Home Office, 일종의 프리랜서 개인 사무실 (역주)
22) 白井聡, 2020, 『武器としての「資本論」』, 東洋経済新聞社.

또한 언제나 지방은 대도시와 비교되기 때문에 도시적 가치관으로 판단하면 "지방에는 내가 원하는 일자리가 없다"는 상황이 매번 발생한다. 이것이 언제나 '일자리'가 문제가 되는 이유다. 생성형 AI, 디지털 트랜스 포메이션(DX)이 아무리 발전해도 상황은 변하지 않은 것이다.

역으로 그렇기 때문에 정부와 지자체는 이주와 정주를 늘리고 싶다면 원격근무/재택근무를 도입하더라도 그와 함께 더 나은 고용 환경을 어떻게 갖출 수 있는지 고민해야 한다.

이 모든 조건과 관계없이 자유롭게 일하고 창업하는 사람은 극히 일부다. 이러한 계층만 붙들려고 과도하게 지자체 간 경쟁하는 어리석은 상황을 만들지 말아야 한다.

1-4
간과하기 쉬운 이주 포기 원인

'지방 이주 포기 원인'에 대한 무관심

정책적으로 주목하는 것은 '지방 이주 시작 시점'이다. 즉 '언제 이주하고 싶어지는가', '이주할 때 어떤 지원을 활용하는가' 등이 그것이다.

그러나 지방 이주뿐 아니라 인간의 이동은 시작과 끝이 명확하지 않다. 어떤 지역에서 생활을 시작하더라도 자녀의 성장단계에 따라 다른 지역으로 생활터전을 옮기기도 하고 일상 속에서 주 2일은 본가에 가기 위해 이동하기도 한다. 이주는 순환하는 것이기 때문에 의외로 세세히 추적하기 애매하다.

이런저런 이유로 '지방 이주를 포기하자'고 결정할 수도 있다. 지역이 나의 형편과 맞지 않아서, 가정과 일의 사정이 여의치 않아서, 나쁜 지역이기 때문에 그리고 더 매력적인 지역을 발견해서 등 이유는 다양하다.

그러나 지금의 정책들은 전출자보다 전입자에 대한 관심이 더 높기 때문에 이주 포기자에 대한 정보가 부족하다. 전입 이유는 조사하지만 전출 이유를 조사하지 않는 지자체도 많다. 떠난 사람보다 찾아오는 사람을 파악하기 쉽다고 인식하기 때문이기도 하다.

지역 인구 유지 관점에서 보면 찾아오는 사람도 떠난 사람도 모두 소중하다. 지역에서의 개인 행복과 생활 만족감을 높이기 위해 계속 살고 싶은 사람이 계속 살 수 있는 지역을 실현하는 것이 중요하다.

'오는 사람 막지 말고 가는 사람 쫓지 마라'는 말이 있지만 떠나고 싶지 않은데 떠나는 사람이 생긴다면 그 이유를 좀 더 치밀하게 들여다볼 필요가 있다.

성별 지방 이주 포기 원인 차이

전입 인구에만 관심이 쏠리는 것은 연구 분야도 마찬가지다. 그러나 최근 들어 지방 이주 포기자 연구가 조금씩 늘고 있다.[23]

사회심리학자 가토 쥰조(加藤潤三)와 마에무라 나오카(前村奈央佳)의 '지방 이주 포기 원인 연구'를 살펴보자.[24] 가토는 지방 이주 포기자를 '자의가 아닌 가족의 의사 때문에 지방 이주를 하지 못하는 사람'이라고 정의한다.

조사대상인 전체 이주 포기자 145명(남성 72명, 여성 73명)은 평균 연령 47세, 회사원 46.9%, 기혼자 67.6%, 아이 있음 62.8%였다.

남녀 비율은 거의 같지만 남성은 자신의 일, 가족의 일, 몸 상태 등 건

---

[23] 宇都宮千穂. 2023. 「移住促進政策と「移住の失敗」の実態調査 2017~2023」.(https://tinyurl.com/2ac39b8z)

[24] 加藤潤三・前村奈央佳. 2023. "地方移住をやめるとき：計量テキスト分析による移住の中断要因の検討." 『立命館産業社会論集』59(3) : 55~72.

강상태, 도시와의 사고방식과 감각 차이가 주된 이주 포기 원인이었다.

반면, 여성은 자신의 일, 가족의 일, 친구 없음, 배타성 등 인간관계, 생활의 편리성 부족, 결혼과 이혼, 아이라는 라이프 이벤트 등을 이주 포기 원인으로 제시했다(〈표 4-1〉).

〈표 4-1〉 남녀의 지방 이주 포기 원인 차이

남성	여성
본인의 일	가족·친구 관련
고향·부모 관련	배타성 등 인간관계
건강 문제	생활 편리성 문제
도시와의 사고방식과 감각 차이	결혼, 이혼, 자녀 문제 등

* 출처: 加藤間三·前村奈央佳. 2023. "地方移住をやめるとき：計量テキスト分析による移住の中断要因の検討." 『立命館産業社会論集』 59(3)：55~72.

이주 기간별 지방 이주 포기 원인 차이

이주 기간과 지방 이주 포기 원인의 관련성도 살펴볼 필요가 있다. 응답자들이 지방에 이주한 기간은 평균 54.1개월이다. 이 가운데 1년 이내 이주 17.5%, 2년 이내 이주는 24.1%였다. 즉, 40% 이상은 2년 이내에 지방 이주를 중단했고 3년 이내는 절반 이상, 5년 이내가 되면 그 비율은 70%에 달했다. 별로 길지 않은 기간만 이주를 유지한 것이다.

그러면 이주 기간을 구분해보자. 2년 이내 이주를 중단한 사람들은 일과 생활의 불편, 지역의 물리적·문화적 환경이 달라서 이주를 중단했다. 3~5년 이내의 중단자들은 가족의 사정과 생활문제 때문에, 그리고

6년 이상 지방 이주하여 비교적 긴 시간을 산 사람은 인간관계 고민이나 오래 살았지만 여전히 외지인으로 취급당하며 적응하지 못하는 등 사회생활 문제가 이주 중단 요인이라고 했다.

이주를 포기하고 원래 살던 지역으로 회귀한 사람 65.5%

이러한 지방 이주 포기 원인을 정리하면 〈표 4-2〉와 같다. 특히 일 때문에 본가로 돌아간 사람이 65.5%였으며 다른 도시 지역으로 간 사람 24.1%, 다른 지방으로 간 사람은 10.3%에 그치는 것으로 나타났다.

〈표 4-2〉 지방 이주 계획자가 계획을 중단한 주요 원인

- 일
- 도시와 지방의 격차
- 가정생활 변화
- 관습
- 교통 불편
- 인간관계
- 갈등
- 미래 전망
- 본가에 가기로 결정(했기 때문에 타지역으로 이주하지 않음)

* 출처 : 加藤潤三·前村奈央佳(2023)을 재구성

이 조사결과는 전국의 이주 중단자 145명의 응답을 기초로 한 것이다. 이렇듯 이주 포기 이유는 제각각이지만 제대로 된 실태조사가 없다.

양적인 전출 규모 측정뿐만 아니라 그 이유와 배경을 조사하여 좀 더 폭넓은 관점으로 지역의 이주 촉진을 보아야 하고 이주 후의 생활에 대해서도 관심 가질 필요가 있다.

1-5
코로나가 지방 이주에 끼친 영향

코로나의 충격

세계적으로 맹위를 떨친 코로나 감염 확대는 지방 이주에도 막대한 영향을 끼쳤다. 5년이 지난 지금, 당시의 변화와 영향이 어떠했는지 세 가지로 구분하여 살펴본다.

코로나로 인해 이주가 증가한 지자체는 20%뿐

2021년 이주·교류촉진기구의 '코로나 시기의 지자체 이주 현황 조사'는 코로나와 지자체의 이주 촉진 관계를 알기 쉽게 설명한다.[25]
우선 '팬데믹 때문에 이주 상담 및 이주자가 늘었다'라는 설에 대해 검증해보니 '이주상담·문의 및 이주자도 늘었다' 43.6%, '이주자가 늘었다' 21.8%, 그러나 이주 상담이나 이주자 수 증감에 '특별히 변화가 없다'는 지자체도 55.0%에 달했다(〈표 5-1〉).

---

[25] 一般社団法人移住·交流推進機構. 2022. 「令和2年度 コロナ禍の自治体移住調査 報告書」. (https://tinyurl.com/2377yr73)

〈표 5-1〉 코로나 시기의 지자체의 이주 상담·이주자 증감 변화

상담과 이주자 모두 증가	43.6%
이주자 증가	21.8%
특별히 변화 없음	55.0%
전출자 증가	12.5%

* 출처 : 이주·교류촉진기구(2022)

코로나 때문에 실제로 이주자가 증가한 지자체는 절반 이하 혹은 일부였다. 코로나 때문에 이주 상담회나 이주 관련 이벤트를 개최하기 어려웠고, 이동도 여의치 않은 상황이었음을 감안한다면 실제 수치는 더 낮을 가능성도 있다.

무심결에 "코로나 때문에 이주자가 늘었어요"라고 말하기 쉽지만 현실은 그렇지 않았을 가능성이 높다.

기업의 지방 이주 독려

코로나로 인해 나타난 또다른 변화는 대기업의 지방 이주 독려이다. 오랫동안 일자리는 이주의 최대 장애물이었다. 이런 환경 속에서 코로나는 수도권 집중의 위험성을 크게 노출시킨 사건이었고 이에 대한 해결책으로서 원격근무/재택근무를 적극적으로 권고하게 되었다.

그 결과, 몇몇 대기업이 직원들의 지방 이주를 독려하여 사회적으로 큰 주목을 받았다. 2021년 전기통신 대기업 NTT그룹은 전체 그룹 직원

을 대상으로 원격근무/재택근무제를 도입했고, 지방에 260개 이상 위성 사무실[26]을 설치·정비한다고 발표했다.[27]

같은 해 컨설팅 대기업 EY재팬그룹은 각 부서가 허용하는 것을 조건으로 원격근무/재택근무와 직원의 지방 이주 지원 제도를 도입했다.[28]

2022년 IT대기업 야후는 약 8,000명 직원의 거주지 제한을 원칙적으로 폐지하고 4월 1일부터 국내 어디에서나 거주할 수 있다고 발표하며 '오전 11시까지 출근할 수 있는 거리에 거주'라는 제한조건도 폐지했다.[29]

이러한 대기업의 움직임은 원격근무/재택근무 증가에 직접적으로 영향을 미쳤고 동시에 지방 이주 선택지 확장이라는 분위기도 형성되었다. 이는 오래전에 수도권 인구 유출이 증가했던 경제 불황기나 2011년 동일본 대지진 때는 볼 수 없었던 새로운 변화이다.

그러나 코로나가 끝난 2024년 현재, 그러한 분위기는 한풀 꺾였다. 예를 들어 수도권 기업의 최근 1년간 원격근무/재택근무 실시율은 2021년 36.2%에서 2023년 28.0%로 감소했다.[30]

---

26) 위성 사무실(satellite office)은 도시의 공간 유지 비용 증가 등의 이유로 교외에 설치한 사무실로써 네트워크가 설치된 곳을 의미한다. 위성사무실에 근무하면 원격 근무는 필연적이다. (역주)
27) NTT. 2022. 「リモートワークを基本とする新たな働き方の導入について」. (https://tinyurl.com/27u552mx)
28) 日本経済新聞. 2021. "EYジャパン 従業員の地方移住で新制度." (https://tinyurl.com/22ly8ntj)
29) ヤフー株式会社. 2022.01.12. 「ヤフー、通勤手段の制限を緩和し、居住地を全国に拡大できるなど、社員一人ひとりのニーズにあわせて働く場所や環境を選択できる人事制度どこでもオフィス」. (https://about.yahoo.co.jp/pr/release/2022/01/12a/)
30) 国土交通省. 2024. 「令和5年度テレワーク人口実態調査」. (https://tinyurl.com/2bxzvlbb)

이러한 상황에서 지자체들은 원격근무/재택근무를 하고자 이주하는 사람들을 위한 지원사업 발굴과 동시에 지방에서 일자리를 만들 수 있는 사업자 유치와 지원을 위해 노력해야 한다(이 책의 2-10장 참조).

도시 주변으로 이주 증가

공정한 이주 촉진 자세를 살펴보기 위해 코로나 시기에 진행된 사회계층과 지방 이주의 관련성을 알아보자.

지리학자 도엔엔(滕媛媛)의 코로나 시기에 수도권 거주 청년층의 이주 의식 변화 연구 결과를 보면, 고수입·정규직·원격근무가 가능한 사람(사회경제적 안정층)은 이주를 희망할 확률이 높고, 반대로 저학력·수입 감소·불안감이 있는 사람(사회경제적 불안층)도 이주를 희망한다고 한다. 즉 이주 희망자의 양극화라는 특징이 나타난다. 특히, 새롭게 지방으로 이주하고 싶어 하는 청년층에서는 두 개의 새로운 동기부여·메커니즘이 나타난다.

〈표 5-2〉 사회경제적 안정도별 2개 이주층의 특징

사회경제적 안정층	사회경제적 불안정층
고수입·고학력 정규직 원격 근무 가능 자기실현이나 지속가능한 라이프스타일 지향	저수입·저학력 비정규직 육체적 노동(원격 근무 불가능) 막연한 불안감

*출처: 滕媛媛, 2021, "コロナ禍が東京都に居住する若年層の移住意識に与える影響," 『季刊地理学』 3(4): 250~263.

'사회경제적 안정층'은 코로나로 인한 업무 스타일 변화, 대도시의 논리에 지배되는 않는 대안적 라이프스타일 그리고 자기실현 기회를 찾기 위해 이주를 희망한다. 또한 수도권에서 사회경제적 잇점을 누릴 수 있기 때문에 주로 도시로 이주하고자 한다.

"코로나 시기의 이주는 사실 대도시 주변에서 사람들이 이주한 것뿐이다"라는 평가는 이들의 움직임을 근거로 그렇게 말하는 것이다.

반면 '사회경제적 불안층'은 학력별 고용 불안, 불안정한 고용조건, 수입 감소에 의한 대도시 거주의 부담, 그리고 이 모든 것으로 인해 느끼는 불안감과 삶의 불안정함 때문에 이주를 희망하게 된다. 물론 코로나뿐만 아니라 지금도 경제 위기 환경에서 이러한 사회적 약자들은 보다 큰 위기를 겪는다.

내가 코로나 시기에 이와테현 지역부흥협력대를 조사한 결과에 의하면 수입이 적은 대원일수록 "지역부흥협력대제도가 없었다면 이주하지 않았을 것이다"라고 응답했다.[31] 즉 지역부흥협력대 같은 제도는 지역협력활동을 지원하며 청년층의 일정 기간 삶과 수입 확보를 지원하는 이주 정책이나 지역 정책일 뿐만 아니라 사회경제적 불안층을 지원하는 '복지정책화'되는 특징도 있는 것이다.

정리하자면, 사회경제적 관점으로 이주자나 이주 희망자는 코로나 위기 속에서 더욱 양극화되었다. 또한 앞으로의 지방 이주는 획일적으

---

31) 伊藤将人. 2023. "地域おこし協力隊制度の分析によるモビリティと政策の関連性の一考察 : Kaufmannのモティリティ概念アクセス・スキル・認知的専有に着目して."『一橋社会科学』Vol.15 : 53~62.

로 사회가 나아지고 있다고 생각하지 않는 사회적 약자들의 소극적인 선택지로 작동할 확률이 높다.

따라서 이주촉진정책을 수립할 때에는 경제 상황과 사회계층에 대한 부문을 동시에 고려해야 한다. 그것이 코로나 위기의 교훈이다.

1-6
국가는 왜 이주를 촉진하는가

국가의 이주촉진정책은 1990년대부터 시작

일본에서는 원래 지자체 단위에서 이주촉진정책을 시작했지만 1990년대부터 정부도 본격적인 이주촉진정책을 시작했다. 그 결과, 지금은 정부와 지자체의 통합 이주촉진정책이 시행되고 있다.[32]

1970년대~1990년대 :
과소화와 노동인구 대책으로 이주촉진정책 시작

정책적으로 지방 이주 촉진 개념이 등장한 것은 1970년대 초이다. 대도시 과밀화와 공해 문제 때문에 탈도시 움직임이 형성되었다. 당시 노동성과 자치성은 귀향 인재를 확보하고 지방의 과소문제를 해결하기 위해 지방 이주 실태 등을 조사했다.

1970년대 후반 '지방의 시대'라는 슬로건 하에 지방에서 도시로 가

---

32) 이 글은 伊藤将人. 2023.「戦後日本における地方移住政策の登場と変遷 : 政策的移住促進というアイディアと人材としての「移住者」への期待」을 수정한 것이다.

는 인구 유출을 막기 위해 '정주 구상'을 제시했다. 1980년 국세조사는 1975년부터 유일하게 수도권만 인구가 감소하며 지방 회귀가 진행되고 있다고 진단했다.

그러나 1980년을 기점으로 다시 수도권 인구가 늘었다. 정부는 계속해서 U·J턴 이주 촉진 및 농업 인재 확보정책을 시행했지만 수도권의 인구 증가 경향은 변하지 않았다.

큰 기점이 된 것은 그로부터 10년이 지난 1990년대였다. 지방분권 부활과 경제 위기 환경에서 1980년대 중반부터 구마모토현을 시작으로 일부 도도부현이 이주 촉진을 본격화하면서 정부 움직임도 활발해졌다.

국토청의 도시-농촌교류와 지방정주촉진정책, 농림수산성의 신규 영농인 이주촉진장려제도, 건설청의 (대도시 지가 폭등에 대한 대책으로써) 지방으로 이주와 정주촉진정책 등이 나타났다.

이즈음까지 정부 방침은 지방 정주 촉진과 산업대책을 위한 이주 촉진의 특징이 강했으며 지금처럼 지역 활성화와 지역 진흥을 위한 이주 촉진이라는 특징은 약했다.

2000년대 :
부서 연계에 의한 종합적 이주 촉진과 전후세대의 이주 촉진

1990년대 말부터 2007년까지 중요한 변화가 진행되었다. 정부와 지자체의 종합적인 이주 촉진 정책들이 전후세대 중장년층의 이주 촉진 중심으로 정비된 것이다.

이 시기에 전후세대 및 구조조정 세대로 불리던 계층의 지방 이주에 대한 관심이 늘었다. 농림수산성의 신규 영농인 조사에 의하면 버블 경제 붕괴 후 1990년대 중반부터 40세 이상과 60세 이상 신규 영농인이 50%를 차지하며 급증했다(〈표 6-1〉).

〈표 6-1〉 60세 이상 신규 영농인 규모(1994~2009년)

시기(년)	합계(명)	60세 이상 수(명)	60세 이상 비율(%)
1994	38,800	18,400	47
1995	48,000	24,600	51
1996	50,900	24,700	49
1997	56,700	28,600	50
1998	64,200	31,600	49
1999	65,400	14,900	23
2000	77,100	44,800	58
2001	79,500	43,000	54
2002	79,800	42,500	53
2003	80,200	42,300	53
2004	81,100	42,200	52
2005	78,900	40,300	51
2006	81,030	38,800	48
2007	73,460	36,070	49
2008	60,000	27,800	46
2009	66,820	33,580	50

*출처 : 농림수산성 「신규 영농인 조사」

같은 시기에 농산어촌문화협회의 「현대농업(1998년 2월 증간호)」은 정년퇴직자를 농촌으로 유인하는 트렌드를 '정년 귀농'이라고 부르며 특집호를 발간하여 8만 부 이상 판매하는 대히트를 기록했다.

정부도 중장년층 중심의 이주촉진정책을 활성화했다. 1998년 수립된 국토계획 '21세기 국토의 그랜드 디자인'은 U·J턴 촉진 등 이주 촉진 방침을 명확히 제시했다. 그에 따라 2002년부터 농수산성 등 6성·청이 도시와 농산어촌 공생·J교류를 추진하는 등 부처 연계 정책이 시행되었다.

국토교통성은 '두 지역 거주'를 추진하기 시작했고, 지자체도 나름의 이주정주촉진정책을 실시했다. 총무성이 설치된 뒤부터는 '교류 거주' 장려 정책도 등장했다.

이런 움직임은 대부분 2007년 전후세대의 대량 퇴직에 따른 대량 이주에 대비한 정책이었다. 그러나 결과적으로 이들의 대량 이주는 일어나지 않았고 일본 사회의 인구구조도 전환되는 바람에 2000년대 말, 이주 촉진의 중심 가치가 변하게 되었다.[33]

2010년대 : 국민적 운동으로써 이주 촉진

2000년대 말부터 2010년대에는 전후세대 중심의 이주 촉진에서 청년과 육아 세대 중심의 이주 촉진으로 변화했다.

본격적인 인구 감소, 동일본대지진 이후 이어진 자원봉사와 지역을

---

33) 伊藤将人. 2023. "なぜ団塊世代の地方移住は積極的に促進されたのか : 国の研究会報告書における移住促進言説の正当化/正統化戦略に着目して." 『日本地域政策研究』 Vol.31 : 40~49.

초월한 연대 등으로 지방에 대한 관심이 높아졌고 2015년부터 진행된 지방창생정책에 청년 참여가 요구되는 등 환경이 변했기 때문이다.

2000년대 말에 만들어져 그 후로 확대된 농림수산성의 '시골에서 버는 부대!'[34]와 총무성의 '지역부흥협력대'[35]가 대표적인 사례다.

인재로서 이주자에 대한 기대가 높아지고 규모가 커지는 과정에서 과소지역 지원은 사업 지원이 아닌 인적 지원으로 전개되었다.[36] 농산촌에서 외부 인재를 받아들여 지역 경영이 이루어져야 한다는 의견이 늘면서 "'보조금'에서 '보조인'으로'라는 슬로건을 제시한 사업이 급증했다.[37]

2014년~2015년 지방창생 기본 방침으로 '지방으로 사람의 흐름을 만들자'는 원칙이 제시되었다. 2015년 「제2차 국토계획」에는 '지방 이주, 두 거점 거주, 노동 등을 지원하기 위한 체제를 충실히 갖추고 국민적 운동을 전개하여 적극적으로 촉진한다'는 표현이 등장했다.

'국민적 운동'이라는 강한 어조와 함께 이주 촉진을 시작하는 지방으로의 인구이동 필요성을 강하게 강조했다. 역사상 제일 강력하게 지방 이주를 정책적으로 추진하는 실험체제가 성립된 것이다.

전후 일본 국토계획에서 정부가 이주 촉진을 정당화하기 위해 채택

---

34) '시골에서 버는 부대'에 대해서는 https://tinyurl.com/23y4dzbl 참조. (역주)
35) '지역부흥협력대'에 대해서는 https://tinyurl.com/29gy5age 참조. (역주)
36) 田口太郎. 2016. "'人的支援'による地域再生の可能性: 地域おこし協力隊の成果と課題." 『住民行政の窓』 Vol. 430 : 3~14.
37) 小田切徳美. 2017. 「地域づくりと地方自治体」.(https://www.soumu.go.jp/main_content/000562267.pdf)

한 논거를 분석한 나의 연구(2023년)에 의하면 정부는 '과소화와 인구 감소 극복', '산업 인재 부족, 외부 인재 활용'을 일관된 논리로 채택했고 2010년대 이후부터는 '수도권 인구 집중 시정', '지역 활성화·지역 만들기 추진', '전원생활로의 회귀 장려'도 강조했다(〈표 6-2〉).[38]

〈표 6-2〉 국토계획에 나타난 이주 촉진의 논거 변화

구분	전총[39] (1962년)	신전총 (1969년)	3전총 (1977년)	4전총 (1987년)	21GD[40] (1998년)	1형성[41] (2008년)	2형성 (2형성)
지방도시의 인구증가 전조	×	×	○	×	×	×	×
과소화·인구 감소 극복	×	×	○	○	○	○	○
산업 인재 부족·외부 인재 활용	×	×	×	○	○	○	○
수도권 인구 집중 시정	×	×	×	○	×	×	○
지역 활성화·지역 만들기 추진	×	×	×	○	○	○	○
전원생활로의 회귀 장려	×	×	×	×	×	×	○

* 출처 : 伊藤将人(2023)

정부는 도시와 지방 농촌의 다양한 과제를 해결하는 다방면적 방법

---

38) 伊藤将人, 2023,「戦後日本の国土計画における地方への移住促進言説の変遷 : 全国総合開発計画-第二次国土形成計画の分析より」, 46(2) : 46~53.
39) 전총은 전국종합개발계획으로서 일본의 국토 이용, 개발 및 보전에 관한 종합적이고 기본적인 계획이다. 주택, 도시, 도로 그 외 교통 기반 등 SOC 정비 체계 등에 대한 장기적인 방향성을 제시한다(일본 위키피디아) (역주)
40) 21세기 국토의 그랜드 디자인 계획 (역주)
41) 국토형성계획 (역주)

으로써 지방 이주·이주자에 대한 기대가 높다고 말하고 있다.

이러한 정책적 맥락 속에서 2020년대 이후는 코로나 감염 확대 때문에 원격근무/재택근무에 의한 '이직 없는 이주' 등이 추진되었다(이 책의 2-10장 참조). 또한 인구 감소가 심화되고 지방창생정책 10년 성과를 재평가하면서 지자체들의 이주자 획득 경쟁 심화를 극복하는 것도 중요한 과제로 나타났다.[42]

정리하면, ① 정부의 이주촉진정책은 지난 수십년 동안 확대되었다, ② 시대별 과제와 사회 상황에 대응하여 유연하게 이주촉진정책의 입지가 변했다, ③ 변화과정에서도 과소 대책, 인구 감소 극복, 인재 활용은 일관된 중요한 원칙이었다.

---

42) 2024년 6월, 일본 총무성은 과거 10년간 11조 원을 투입한 지방창생정책이 실패했다고 평가했다(https://tinyurl.com/25gcc2au). 그러나 그 평가내용에 대해서는 완전 실패 혹은 부분 실패 등 해석의 여지가 있다. (역주)

1-7
외국의 다양한 이주 촉진 사례

지방 이주 촉진 시도는 다른 나라에서도 진행

정부와 지자체가 함께 추진하는 지방 이주 촉진 시도는 '도쿄라는 세계 최대 도시를 가진 일본의 특수한 동향'과 '저출생·고령화와 지방 과소화가 가속되는 일본에서라면'이라는 표현으로 설명되는 일이 왕왕 있다.

그러나 이런 전제와 다르게 한국, 중국, 대만, 몽골, 그리고 일부 유럽 국가 등에서도 비슷한 시도를 하고 있다. 이들 사례를 통해 일본이 배워야 할 점도 많다.

한국의 이주촉진정책은 청년을 혁신 주체로 파악

한국은 정부와 지자체가 적극적으로 이주 촉진을 전개하는 국가 중 하나다. 한국에서 지방 이주가 사회적·정책적으로 관심을 모으게 된 것은 1997년 외환위기 때문이다. 이때 법 개정을 통해 조기 퇴직한 도시 주민이 지방으로 이주할 수 있는 정책을 추진했다. 즉 일종의 취업 지원으로써 이주를 촉진한 것이다.

그 후 2000년 중반 대부분 지자체들이 이주지원정책 추진을 위해 조례와 규칙을 제정했다. 농림축산식품부 등의 정책적 이주 촉진을 통해 2020년대 전반까지 연간 30만~40만 명의 도시 주민이 지방으로 이주했다.[43]

한국에서는 이러한 움직임을 '귀농', '귀어', '귀촌'이라고 부른다. ⟨그림 7-1⟩은 매해 정부가 발표하는 귀농어촌 인구통계다. 전국적으로 통계가 정리되어 어느 정도 실태를 파악할 수 있다.[44] 2023년 통계를 보면 2022년에 비해 귀농어촌 모두 규모가 감소했다.

한국에서는 출생률 저하와 청년층의 극심한 고용 불안 등을 이유로 -일본처럼- 청년에 대한 이주 지원을 확대하는 중이다. 2017년 농림축산식품부가 청년창농지원사업을 시작했고 2018년 경북도는 일본 지

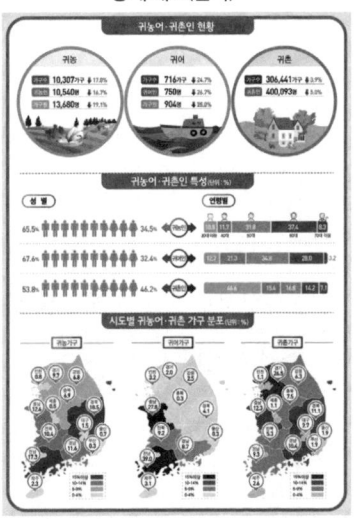

⟨그림 7-1⟩ 2023년 귀농어촌 인구 통계 개요(한국)

* 출처 : https://www.greendaero.go.kr/svc/rfph/front/menuView.do

---

43) 일본에 비해 인구 유동성이 높은 한국에서는 농촌으로 이주했다가 다시 도시로 재이동하는 사례도 잦다. 이 수치는 재이주자를 포함한다는 것을 눈여겨볼 필요가 있다(縄倉晶雄. 2022. "韓国の都市青年田舎派遣制 : 起業支援の一環としての農村移住政策." 『農村計画学会誌』41(3) : 124~127. ; 大前悠. 2013. "韓国における帰農現象の特徴 : 農村移住研究への新たな視座." 『村落社会研究』 19(2) : 37~48.).

44) 다만, 통계의 집계방법은 재고의 여지가 있다.

역부흥협력대제도에 착안하여 도시청년시골파견제를 실시했다.

도시청년시골파견제는 지역 밖의 인재를 적극적으로 받아들여 지역에서 창업하고 정착하도록 지원하는 것을 목적으로 한다. 2년간 생활비와 창업 활동비를 1인당 3,000만 원 정도 지원한다. 이 사업은 이후에 청년창업·지역정착지원사업으로 명칭을 변경하고 창업 지원액을 최대 (기존의) 1.5배로 늘리는 등 확대되었다.

한국의 지방이주 연구자인 사회학자 김반석에 의하면 최근 한국의 이주촉진정책은 농촌 생활의 가치를 강조하며 이주자를 유치하는 것에서 청년의 창업 장려 그리고 청년을 지방과 농촌 발전의 혁신 주체로 강조하는 방향으로 전환되고 있다.[45] 이러한 변화는 일본과 비슷한 부분이지만 특히 2010년대 중반부터 전개된 다양한 정부 사업들이 그러한 가치들을 표방하고 있는 것이 특징이다.

일본도 2000년대 말부터 청년 이주를 독려했지만 이는 상대적으로 지방 농산촌 활성화와 수도권 집중에 대한 대응을 목적으로 하는 '지역 활성화 대책으로서의 이주 정책'이었다. (한국 사례를 참고한다면) 일본에서도 지역과 국가의 미래를 담당할 청년을 위한 이주 촉진이 필요하다.

---

45) 김반석. 2018. "한국의 귀농·귀촌 논의에 나타난 청년에 대한 호소(韓国の帰農·帰村議論の青年への呼びかけ)." 한일차세대학술포럼 제15회 국제학술대회.

유럽의 이주 촉진과 경제적 지원

유럽 정부와 지자체도 이주 촉진 정책을 시행한다. 그러나 일본과 한국처럼 정부와 지자체가 통합적으로 정책을 수립하기보다는 부분적으로 추진한다. 많은 이민자의 수용, 저출생, 고령화, 도시의 분산 정도, 이동 권리, 토지를 둘러싼 사고방식 등이 다르기 때문이다.

예를 들어 2020년부터 포르투갈의 지방 이주 노동자는 최대 4,828유로를 신청할 수 있다.[46] 2021년 아일랜드는 지방 활성화 정책의 일환으로 이주 지원금과 조세 우대를 포함한 이주촉진계획을 발표했다.[47] 이는 정부 정책이었지만 지자체의 지원도 많다. 이탈리아, 스페인, 미국, 호주, 그리스, 스위스, 크로아티아 등에서는 지방 이주를 하면 지자체들이 경제적 인센티브를 제공한다.[48]

---

46) Portugal Government. 2020. Applications for the Emprego Interior MAIS government measure are open. (https://tinyurl.com/2yeseq2z)

47) Irish Examiner. 2021. "Our Rural Future : Rural Development Policy 2021~2025."(https://tinyurl.com/2b2r35z5)

48) Victoria Masterson. 2022. "地方への移住促進—各国の取り組み、移住のインセンティブとは." WORLD ECONOMIC FORUM.(https://tinyurl.com/226mslrt). ; Laura Begley Bloom. 2022. "As Italy's Population Declines, More Towns Offer You Money To Live There." Forbes.(https://tinyurl.com/2cu39p5j). ; Laura Begley Bloom. 2023. "Move To A Beautiful Island : Ireland Will Pay You $92,000 To Refurbish A House." Forbes.(https://tinyurl.com/297xgdqx.)

지원을 둘러싼 오보가 초래한 차별과 분열

이처럼 다양한 정책이 시행되는 중에 일본은 2024년부터 외국인 지역부흥협력대 채용을 적극적으로 시행하고 있다. 이 정책의 참고 사례로서 아일랜드 정부의 Our Living Islands 프로젝트를 살펴보자.

아일랜드 정부는 낙도 활성화 정책의 일환으로 낙도살이 희망자 지원을 결정했다. 많은 미디어들이 정부가 국내의 낙도 30개 중 어딘가에 이주하는 사람에게 최대 84,000유로(한화 1억 3,200만 원)를 지급하기로 했다고 보도했다. 그러나 그 과정에서 관심이 고조되면서 몇 개의 오보가 등장했다.

우선 이 제도는 기존의 보조금을 확대한 것이었지만 마치 새롭게 신설된 제도처럼 알려졌다. 게다가 '이주 희망자는 1993년 이전에 건축되었거나 적어도 2년간 빈집 상태인 섬 안의 부동산을 구입해야 한다. 그리고 지급된 보조금은 개축, 수리 등 건축공사에 한하여 사용해야 한다' 등의 전제조건은 정확히 전달되지 못했다. 즉 이주 자체를 장려하기보다

〈그림 7-2〉 Our Living Islands(아일랜드)

* 출처 : https://tinyurl.com/2dmvz4p6

는 중고 주택과 빈집 수리를 촉진하는 보조금이라는 본래 의미보다 오직 '이주하면 돈 받을 수 있다'는 식으로 와전된 것이다.

제도 대상자에 대한 온라인 댓글 논쟁과 차별적 발언도 등장했다.[49] "꿈의 아일랜드 낙도살이가 보조금으로 실현된다"는 미디어 홍보를 오인한 인도의 소셜 미디어 이용자가 "아일랜드는 이민 이주료 8만 유로를 지불한다"라는 잘못된 정보를 확산시켰다.

이에 아일랜드의 반이민단체는 "정부는 외국인을 우선하고 아일랜드인을 차별한다"며 오보 확산을 부추겼다. 낙도이주지원정책이 특정 국가에 대한 이민장려정책으로 돌변한 것이다. 그 결과 정부와 인도인에 대한 공격이 확산되었다. 이처럼 경제적 이주 지원은 사람들의 관심을 끌 수 있지만 그만큼 잘못된 정보로 변하기도 쉽다.

이주 촉진이 차별을 조장하지 않으려면

최근 일본 소셜 미디어에서도 "생활보호 수급 대상이나 외국인은 지방 이주 지원금이나 빈집 구입 지원금을 부당하게 이용할 수 있다", "보수성향이 강한 지자체는 이주 지원금 지급 대상을 일본인으로 한정하는데 일부 지자체는 반일(反日)적인 이주 지원을 한다", "일본인의 지방 이주는 바람직하지만 외국인의 경우는 그렇지 않다", "외국인을 포함하는

---

49) Shane Raymond. 2024. "FactCheck : The government is not offering tens of thousands to coax Indians to Irish islands." (The Journal Fact Check, https://tinyurl.com/29ohy7pk)

이주 촉진은 결국 지방을 뺏기는 것이다"는 식의 차별적 발언이 나타나고 있다.

일본보다 이주 비율이 높은 아일랜드 사례는 인구 감소, 저출생, 고령화 사회에서 일본 정부가 (성급히 정책을 발표하기 전에) 주의해야 할 점들을 시사한다.

1-8
이주의 계기는 역시 관광 경험

지역을 알고 관심 갖는 것부터 시작

사람들이 평생 방문하는 지역 수는 제한적이다. 조사에 의하면 (단순 통과를 제외하고) 47개 도도부현을 모두 방문한 사람은 6.3% 정도이다.[50] 이런 상황에서 마음에 들고 인연이 생겨 이주하는 것은 정말 운명일 것이다. 따라서 지방 이주에서는 제로(0, 아무 것도 없는 상태)에서 1이 되는 상태(뭔가 생기는 상태)가 정말 중요하다.

미디어를 통해 특정 지역을 알게 되거나 진학, 출장, 관광 등의 목적으로 방문하는 경우가 종종 있을 것이다. 방문자들이 이주 후보지로 인식할 수 있을 정도로 잘 소개된 이주 안내서, 미디어 홍보, 이주 세미나 등을 개최하는 지자체도 많지만 한편으로는 지역을 알고 관심 갖게 되는 계기가 반드시 이주 관련 정보와 이벤트 때문은 아니다.

그렇기 때문에 보다 널리 이주에 대한 문호를 열어 방문 가능성을 높이기 위해서는 다른 정책과 연동하여 이주 촉진을 추진할 필요가 있다.

거기에 착안한 것이 '관광'이다. 많은 지자체들이 관광 촉진과 이주

---

50) 株式会社クリエイティブジャパン. 2010.「旅行に関するアンケート」.

촉진 담당은 별개라고 말하지만 '지역의 틀을 초월한 방문 촉진'이라는 점에서 관광과 이주의 목표는 같다. 또한 대부분의 이주자들은 관광을 포함해 이주 전에 여러 번 그 지역을 방문한다.[51]

즉 이주의 길잡이로써 관광 기회를 효과적으로 살리는 것은 지방 이주 프로모션 초기 단계의 핵심이다. 또한 제로에서 지역에 대한 관심을 키우는 것보다 이미 지역을 방문하여 분위기와 매력을 알고 있는 대상에 접근하는 것이 큰 무리 없는 지속가능한 방법이다.

관광하면서 지역 주민과 교류하며 이주 정보를 수집하는 사람 33.7%

관광 경험과 지방 이주의 관련성에 대해서는 다양한 연구가 있다. 농학자 호사 리나(砲薩日娜)의 조사에 의하면 수도권에 거주하는 이주 희망자 1,000명 중 관광으로 지역을 방문하고 지역 주민과 교류하며 이주 정보를 수집하는 사람은 33.7%였다.[52]

이는 수도권에서 개최되는 이주 세미나와 홍보전단·포스터·팜플렛 등으로 정보를 수집한 것보다 높은 비율이었다. 특히 이주 예정자는 그렇지 않은 사람보다 그런 행동을 보이는 비율이 더 높게 나타났다.

---

51) 小原満春, 2019. "観光経験がライフスタイル移住の意思決定に与える影響：沖縄への移住者を対象としたM-GTA 分析に基づく一考察." 『日本国際観光学会論文集』 Vol.26 : 99~107. ; 須藤直子. 2013. "沖縄移住" 再考-観光客はいかにして「移住者」になるのか." 『琉球·沖縄研究』 Vol.4 : 138~161.

52) 包薩日娜·服部俊宏. 2017. "首都圏在住の移住希望者の移住情報収集行動：移住希望者へのweb アンケートに基づいて." 『農村計画学会誌』 Vol.36 : 209~216.

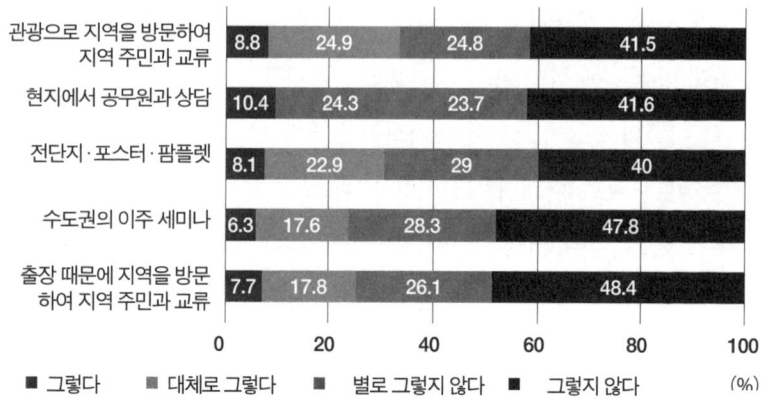

〈그림 8-1〉 수도권 거주 이주 희망자의 이주 정보 수집 수단

* 출처 : 包薩日娜·服部俊宏(2017)를 재구성

관광과 이주를 연결하여 지역에 대한 긍정적 태도 양성

관광학자 고하라 미쓰하루(小原滿春)는 관광 경험과 관광지에 대한 관심이 지방 이주에 미치는 영향을 연구했다. 그 결과 관광으로 현지에서 교류하는 일시적 체류 방문이어도 지역에 대한 애착이 형성된다는 것을 밝혔다.[53]

일련의 연구에서 특히 라이프스타일 이주에 관광 경험이 영향을 미친다는 것이 밝혀졌다(이 책의 2-8장 참조). 따라서 관광하며 '나를 발견했다', '내 생활과 삶의 방식에 대해 생각할 수 있었다', '정신적으로 성장했

---

[53] 小原滿春. 2020. "観光経験と観光地関与がライフスタイル移住意図へ及ぼす影響." 『観光研究』 32(1) : 33~46.

다'는 식의 '자기 확장'을 경험하게 만드는 것이 중요하다.

고하라는 관광과 이주에 관한 국내 외의 방대한 연구를 정리하고 분석하여 관광 경험과 이주 의도에 관한 모델을 제시했다.

〈그림 8-2〉 관광 경험과 이주 의도 모델

* 출처: 小原満春, 2019, "観光経験がライフスタイル移住の意思決定に与える影響: 沖縄への移住者を対象としたM-GTA分析に基づく一考察," 『日本国際観光学会論文集』 Vol.26: 99~107.를 재구성

이 모델을 보면 관광 경험과 이주 의도 사이에 지역에 대한 긍정적 감각 형성이 중요하다는 것을 알 수 있다. 예를 들어 관광하면서 주민과 만나고 이후에 소셜 미디어나 뉴스레터 등으로 계속 교류하며 연대감을 형성하는 것이 중요하다.

그러나 한 가지 유의할 점은 관광객 수가 많은 유명 관광지에 반드시 이주자가 많은 것은 아니라는 점이다.[54] 유명 관광지이지만 이주자가 적은 지역은 매우 많다. 이는 관광 니즈와 이주 니즈가 다르기 때문이다.

다만 관광객이 적더라도 지역을 좋아하게 되고 애착을 가지게 하는 노력을 꾸준히 하여 관광을 매개로 이주로 이끄는 노력이 필요하다. 할 수 있는 것은 하고 연대할 수 있는 것은 연대하며 0→1을 확대하는 것이 핵심이다.

---

54) 青木柊吾ほか, 2022, 「観光客数と移住者の関係性」. (https://src.tama.ac.jp/files/1640.pdf)

1-9
이주 지원금 효과는 일회적

과감한 경제적 지원에 대한 관심

최근 주목 받는 이주 촉진 정책이 있다. 바로 미야자키현 미야코노죠시의 '전국 어디에서 (우리 지역에) 이주해도 500만 엔'이라는 이주 지원 교부금이다.

미야코노죠시는 이 정책으로 2022년까지 수백 명이었던 이주자가 2023년 약 3,700명이 되어 13년 만에 인구가 증가했다고 밝혔다. 많은 미디어들이 앞다퉈 이 사례를 성공 사례로 보도했다.

이 사례가 주목받은 또다른 이유는 고향납세 기부금[55]으로 이주 지원 교부금을 충당했다는 것이다.[56] 이주자도 늘었고 '고향납세 기부금

---

55) 일본은 2008년부터 고향납세(ふるさと納稅)제도를 시행하고 있다. 이는 기부하고 싶은 지역에 기부하는 것이지만 단순 선의에 의한 기부라기 보다는 지역 발전 응원금의 성격이 강하다. 지자체들은 기부금을 확보하기 위해 미야코노죠시처럼 특별한 프로젝트를 기획하여 기부금의 의미를 살리고자 노력한다. 유사한 방식으로 우리나라도 2023년부터 고향사랑기부제를 운영하고 있다. 고향사랑기부제 및 고향납세에 대해서는 김대호·이연경·이중근. 2024. 『로컬의 탄생 : 지역의 역전을 만들어낼 고향사랑기부제』. 마인드빌딩.; 黒井克行. 2019. 『ふるさと創生 : 北海道 上士幌町の キセキ』. 木楽舍.(윤정구·조희정 역. 2021. 『시골의 진화 : 고향납세의 기적, 가미시호로 이야기』. 더가능연구소.) 참조. (역주)

56) "市長も驚いた…移住者が前年度8.5倍、13年ぶり人口増に転じる ふるさと納稅日本一の都城市が仕掛けた子育て支援策."(南日本新聞. 2022.04.26. https://tinyurl.com/296fr9sp)

으로 이주자를 늘린다'는 아이디어로 지자체간 경쟁에서 승자가 되었다는 점이 부각되었다.

고향납세와 육아 지원, 그리고 이주 촉진 등 경쟁이 심한 정책분야에서 대부분의 지자체는 승자가 되기 어렵거니와 승자와 패자의 격차는 더 커진다는 것을 모두 통감하는 상황이기 때문에 더 주목받았다.

과연 이 정책을 공정하고 지속가능한 이주정책이라고 볼 수 있을까.

〈그림 9-1〉 국내 최고 수준 이주 지원금 홍보자료(미야코노죠시)

* 출처 : https://tinyurl.com/26jq6gzs

과감한 이주 지원금의 역사는 1990년대부터

원래 정부와 지자체에 의한 이주 촉진 지원금은 최근 시작된 것이 아니다. 1990년대 버블 경제 붕괴 후에도 비교적 경기가 나쁘지 않았던 지자체들은 다른 지자체와 차별화하려고 독창적인 정책들을 추진했다. 그 중 하나가 과감한 이주 지원금 정책이다.

당시에는 특히 효고현 미카즈키정(三日月町)이 주목받았다. 미카즈키정은 1991년 제정한 「청년정주조례」를 근거로 이주 장려금을 설치했다. 지급 대상은 36세 미만으로 5년 이상 거주하면 무조건 8만 엔, 결혼하면

8만 엔 추가 지급, 아이가 생기면 둘째까지 8만 엔, 셋째 아이는 30만 엔, 넷째는 40만 엔, 게다가 농림업에 종사하면 3년간 撚 100만 엔, 농림업 관련 연수를 하면 50만 엔, 집을 신축하거나 구입하면 50만 엔 등 총 4백만 엔으로 이주·정주 촉진을 유혹했다.[57]

이 외에 (직접적인 지원금은 아니지만) 지자체의 특산품과 상품을 싸게 또는 무료로 제공하는 정책도 시행했다. 〈그림 9-2〉에 보듯 1990년대 발간된 잡지에는 이주 촉진을 위한 지원금 홍보가 수록되어 있다.[58]

이주 촉진이나 그와 관련된 지원금은 일본만의 동향이 아니다. 유럽 일부 국가의 지자체들도 마찬가지다. 아일랜드, 이탈리아, 스페인의 정부와 지자체는 이주 촉진이나 빈집을 구입하여 이주하는 사람을 대상으로 보조금을 지급한다.[59] (이 책의 1-7장 참조)

지원금의 이주 촉진 효과는?

그러나 지방 이주 촉진을 위해 대담한 지원금을 실시한 지자체 중에 지속적으로 유지하는 지원한 사례는 거의 없거니와 단기 지원으로 효과가 나타난 사례 역시 거의 없다. 즉 일시적으로 주목받을지 모르지만 장기적으로 지속가능한 정책은 아니다.

---

57) 週刊読売(1991.04.14.)
58) 이 외에 보조금 정보제공 서비스로는 https://hojyokin-portal.jp/ 참조. (역주)
59) Peter Matanle. 2023. "Japan is paying families 1 million yen to move to the countryside – but it won't make Tokyo any smaller."(https://tinyurl.com/2dh8gluu)

〈그림 9-2〉 각 지자체의 지원금을 소개하는 잡지 홍보

* 출처 : BIG tomorrow(1994년 9월호, 1996년 6월호)

　냉정하게 생각하면 당연한 일이지만 개인은 지원금만으로 이동을 결정하지 않는다. 고용과 육아 환경, 교육, 의료, 기상 조건, 교통 인프라, 주변 사람들과의 인간관계 등 고려 이유는 다양하다. 또한 도쿄부 특별구, 오사카시, 요코하마시, 삿포로시, 후쿠오카시 등 사람들이 많이 이주하는 지자체에 과감한 지원금 때문에 사람들이 모이는 것이 아니다.
　지원금 효과는 일회성으로 그칠 뿐만 아니라 장기적으로는 지자체

들의 과도한 경쟁을 조장하여 피폐화와 소모전을 가져올 가능성이 높다. "우리 지역에 오기만 하면 돼", "인구는 늘수록 좋아"라는 태도로 이주를 촉진한다면 지자체 간 연대는 불가능하고 이주자에게 편안한 이주 촉진도 실현할 수 없다.

지원금은 어디까지나 그 지역에 이주와 정주를 희망하는 사람을 격려하는 정도에 머무는 것이 좋다. '돈 끊기면 인연도 끊기는' 상황이 되지 않기 위해서는 무엇보다 비금전적 지원을 두텁게 하는 것이 중요하다.

1-10
'이주자=I턴' 구도 속에 소외되는 계층

이주자=I턴 구도는 언제부터 생겼나

지방 이주를 분류할 때 자주 등장하는 표현은 U턴, I턴, J턴이다. 이 가운데 가장 오래전인 1960년대부터 사용된 'U턴'이란 표현은 태어난 지역에서 진학이나 취업 때문에 대도시로 이주한 사람이 귀향하는 것을 의미한다.

1970년대에 사용되기 시작한 'J턴'은 태어난 지역에서 진학이나 취업 때문에 대도시로 이주한 사람이 고향과 가까운 지방도시로 이주하는 것을 의미한다.

그리고 가장 최근인 1990년대 전후에 사용하기 시작한 I턴은 주로 대도시에서 나고 자란 사람이 다른 지역에 이주하는 것을 가리킨다.

여담이지만 그 외에도 ○○턴이라고 이주를 표현하는 말이 있다. J턴 후에 다시 대도시로 이주하는 '○턴'. ○턴 후에 다시 또 다른 지방으로 이주 하거나 그 후 불명(Question)이 되는 'Q턴', 지자체의 콘셉트로써 아키타현의 'A턴', 후쿠시마현의 'F턴'도 있다.

I턴, J턴, U턴을 연결해서 읽으면 'IJU=이주'가 되어 지금도 널리 사용하지만 그중에 이주자의 상징으로 많이 거론되는 것은 I턴이다. U턴이나

J턴과 비교해서 I턴에는 지난 시대의 이주와 다른 특징이 있기 때문이다.

U턴이나 J턴에 대해서는 예전부터 일의 실패, 심신 피로, 부모의 극성 때문에 귀향한 것이라는 등 대도시에서의 부정적 경험을 이유로 제시하는 경우가 많았다. 그러나 I턴은 지역연고가 없어도 지방 농산촌에 이주하는 주체적 존재, 자아실현이나 풍요로운 삶의 실현 지향, 돈에 얽매이지 않는 자유로운 라이프스타일 지향 등 대부분 긍정적 요인으로 설명한다.

그 결과, 2000년대 이후부터 정부 정책에서도 '이주자=I턴'이라는 경향이 강해져 지자체의 이주촉진정책 대상도 U턴을 대상으로 하지 않는 경우는 있어도 I턴을 대상으로 하지 않는 경우는 거의 없는 상황이 되었다. 또한 일부 I턴은 성공적으로 지역 만들기를 이룬 '청년, 바보, 외지인'[60]을 체현하는 존재로서 주목 받아 기대를 모으고 있다.

사실은 많이 존재하는 U턴의 특징

I턴에 대한 관심 고조와 반비례로 U턴에 대한 사회정치적 관심은 감소해왔다. 그러나 최근 이들에 대한 정책적 관심이 다시 고조되고 있다. 나도 몇 군데 지자체로부터 "U턴 촉진정책을 추진하고 싶은데 어떻게

---

60) 일본에서는 지역재생의 주체를 '청년, 바보(무모한 도전을 하는 사람), 외지인'으로 평가하는 속설이 있다. 그 내용과 평가에 대해서는 木下斉. 2021. 『まちづくり幻想 : 地域再生はなぜこれほど失敗するのか』. SBクリエイティブ.(윤정구·조희정 역. 2022. 『마을 만들기 환상 : 지역재생은 왜 이렇게까지 실패하는가』. 더가능연구소 : 105~107) 참조. (역주)

하면 좋을까요?"라는 문의를 받았다.

그 배경은 지자체들의 이주자 획득 경쟁 심화(이 책의 3-1장 참조), 지자체의 독자적인 이주촉진정책 추진, 지역의 중간적 인재(코디네이터)의 필요성 고조 등을 들 수 있다.

우선, 대부분의 지역에 I턴보다 U턴이 더 많은 편이다. 2018년 총무성은 과소관계 시정촌의 창구에 전입 신청을 한 사람을 조사했다. 그 결과, U턴 34.3%, I턴 18.9%, J턴 6.6%, 해당 없음 37.9%로 나타났다.[61] 또한 도시권에서 전입한 U턴은 41.0%였다.

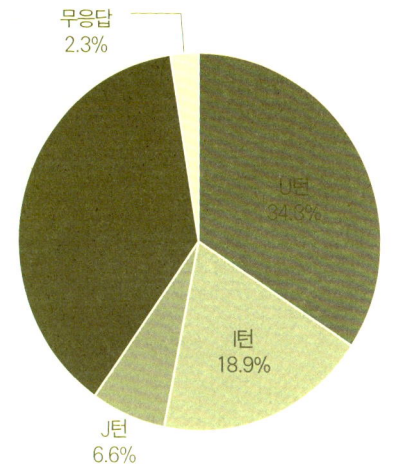

〈그림 10-1〉 과소관계 시정촌의 이주자 분류

* 출처 : 총무성(2018)

---

61) 総務省, 2018, 「過疎地域への移住者に対するアンケート調査」(https://tinyurl.com/2d85wzed)

2022년 시마네현의 조사에는 U턴 58.0%, I턴 40.5%로 나타났다.[62] 히로시마현 미요시시(三次市)의 20대·30대 조사에서도 타지역에 진학 후 U턴 25.3%, 타지역에 취업 후 U턴 14.9%로 나타났다.

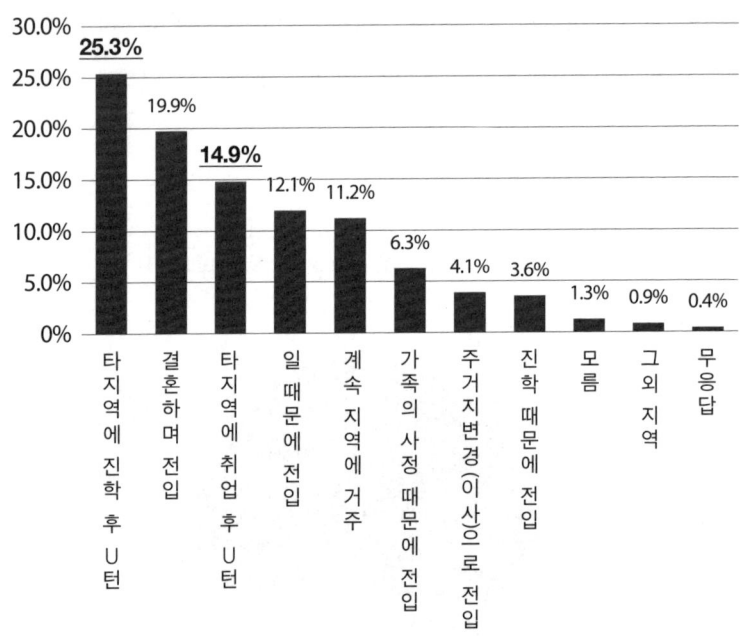

〈그림 10-2〉 주민의 거주 이유 (미요시시)

* 출처 : 轡田(2018)

---

62) 島根県. 2023. 「令和4年度Uターン・Iターン者の状況について」. (https://tinyurl.com/2y5uspug)

단, 이러한 분포는 지리적 환경과 입지, 사회상황에 따라 다를 수 있다. 특히 인구 감소와 저출생·고령화가 급속히 진행되는 지역에서는 지역 출신자 수나 전출 자체가 감소하기 때문에 상대적으로 I턴 비율이 높을 수 있다.

지자체간 과도한 이주자 획득 경쟁 환경 속에서 "원래 지연(지역에 연고가 있는)이 있는 사람을 돌아오게 하자", "(아무 것도 모르는 상태의 사람을 대상으로) 0에서부터 지역을 알게 하기보다 (출향민처럼) 어느 정도 이 지역을 아는 사람에 집중하자"는 의식이 형성되면서 U턴에 대한 기대가 또 다시 고조되고 있다.

사회학자 구쓰와다 류조(轡田竜蔵)는 U턴은 지역 활성화 및 사회활동에 적극적으로 참여하며 지역사회의 허브가 되는 경향이 있다고 분석했다.[63] 따라서 다양한 사람들이 사는 현재 지역 환경 속에서 U턴이 중심이 되어 다양한 사람을 잇는 활동을 할 수 있도록 응원할 필요가 있다.

U턴 지원의 포인트는 현상 공유와 편견 타파

지금까지 I턴보다 U턴이 많으며, U턴의 독자성과 가능성이 재평가되는 현상을 살펴보았다. 그러나 여전히 대부분의 지자체에서 U턴은 이주촉진정책의 대상에 포함하지 않기도 하고 I턴과 U턴 지원에 격차가

---

63) 轡田竜蔵. 2015. 「広島20-30代調査」報告書(統計分析篇)」. (https://tinyurl.com/23k547p7)

존재한다.

이런 현실 속에서 이와테현 리쿠젠타카타시(陸前高田市)는 U턴 촉진의 중요성에 주목하여 시민활동을 중심으로 (시행착오를 거듭하면서) 전폭적으로 U턴 지원을 시행하고 있다. 그 내용을 구체적으로 파악하기 위해 지원정책을 주도한 리쿠젠타카타시의원 기무라 아키라(木村聰)의 인터뷰를 살펴보자.

기무라 의원이 U턴에 주목한 것은 2022년이다. I턴한 기무라 씨는 의원이 되어 다양한 단체와 지역 주민과 이야기를 나누면서 "I턴만 주목받는 것이 바람직한 현상인가?", "I턴 정책에 세금을 어느 정도 써야 할까?"라는 의문을 갖고 (정책적으로 주목받지 못했던) U턴 지원에 관심을 갖게 되었다.

특히 U턴과 같은 낙향에 부정적인 인상을 갖는 사람들이 많은데, 의회에서는 그 존재조차 거론되지 않는 것은 큰 문제라고 파악했다.

"사람이 떠나는 지역에서는 턴하는 사람을 아무리 모으려 해도 소용없습니다. 마음이 떠난 지역 자체의 체질을 바꿔야 합니다. 그래서 U턴 지원을 주목하게 되었습니다."

리쿠젠타카타시는 동일본대지진으로 큰 피해를 받은 지역이다. 지진 후에 피해복구를 위해 많은 U턴들이 자원봉사하러 왔다. 그러나 얼마 지나지 않아 U턴에 대한 인상과 상황은 원점으로 돌아왔다. 당시 리쿠젠타카타시 재해지원활동을 했던 기무라 의원은 이러한 상황을 눈여

겨보았다.

기무라 의원은 자신이 소속된 청년회의소 기획팀에게 U턴 촉진사업의 하나로 대도시권에 사는 U턴 잠재층을 대상으로 투어를 하자고 제안했다. 그러나 "이주 전문 단체가 있는데 왜 우리가 해야 하나", "U턴 투어를 해봤자 올 사람이 없을 것이다"라며 좀처럼 이해하려 하지 않았다.

그러나 U턴 잠재층에는 현재의 리쿠젠타카타시 상황을 모르는 사람이 많고, 한번 지역을 떠난 사람이 돌아오기 쉽지 않다는 것은 알고 있지만 U턴 촉진은 긍정적 효과가 있다고 설득했다.

〈사진 10-1〉 청년회의소 개최 U턴 이벤트

* 제공: 木村聡

돌아오고 싶은 생각이 드는 마을 만들기

그 후 기무라 의원은 정기회의에서 U턴 촉진에 대한 문제를 제기했다. 이어서 2022년 중반부터 U턴을 포함한 이주자 파악 활동을 전개하고 라인(LINE@)을 통해 정보도 제공했다.

그 결과, 최근 시행된 종합계획에는 'U턴'이라는 말이 포함되었고 시의 이주정주 촉진 보조금 지급 대상이 U턴으로 확대되었다. 그럼에도 불구하고 2024년 기준으로 I턴과 U턴에 대한 보조금 지급 규모 차이는 여전히 존재한다.

I턴뿐만 아니라 U턴을 포함한 다양한 이주 지원이 필요하지만 U턴 지원 시에 주의할 사항이 있다. 예를 들어 "고향으로 돌아오라"고 과도하게 강조하는 것은 사람에 따라 다소 듣기 거북한 부담스러운 표현이다.

또한 고향으로 돌아가겠다는 선택을 하고 실제로 지역에 와서 직면하는 현실은 과거의 상황과 많이 다를 수도 있다. 따라서 U턴을 늘리고 싶다면 지역이 과연 돌아올 만한 상태인지 검토해야 한다.

"앞으로는 지역 주민이 좋아하는 지역, U턴이 돌아가고 싶은 지역 그리고 I턴과 J턴 대환영! 이런 순서로 이주촉진정책을 진행해야 합니다."

(기무라 의원)

제2부

키워드로 보는 지방 이주와 이주 촉진

2-1
이주 창업
핵심은 지역과 관계 형성 및 상담 가능한 시스템 만들기

이주 창업의 배경과 동기

'이주 창업'은 '지방으로 이주하여 창업하는 것'을 의미한다. 정부나 지자체가 이주 창업을 늘리는 이유는 지역에 창업자가 늘면 세수도 늘고 산업 활성화, 고용 증가, 청년의 정주가 촉진될 것이라고 기대하기 때문이다.

이주자 본인도 창업에 따른 자아실현이나 일의 재량 확대, 사회와 지역에 기여, 시간적·정신적 여유라는 희망을 이루는 기회다. 경쟁이 극심한 대도시가 아니라 지방에서 창업하여 자신의 기술과 지식, 아이디어의 가치를 도시보다 살릴 수 있다는 기대도 있을 것이다.

지방 이주자의 창업 동기와 계기는 2021년 내각부가 5년 이내 이주 창업자 246명과 이미 수도권 외 지방에 거주하는 175명을 대상으로 실시한 조사에 나타난다. 두 그룹간 가장 차이가 큰 이유가 '사회와 지역에 기여하는 일을 하고 싶어서'라고 나타난 것처럼 이주 창업은 출세나 수입 증가 추구와는 거리가 있는 것으로 보인다.

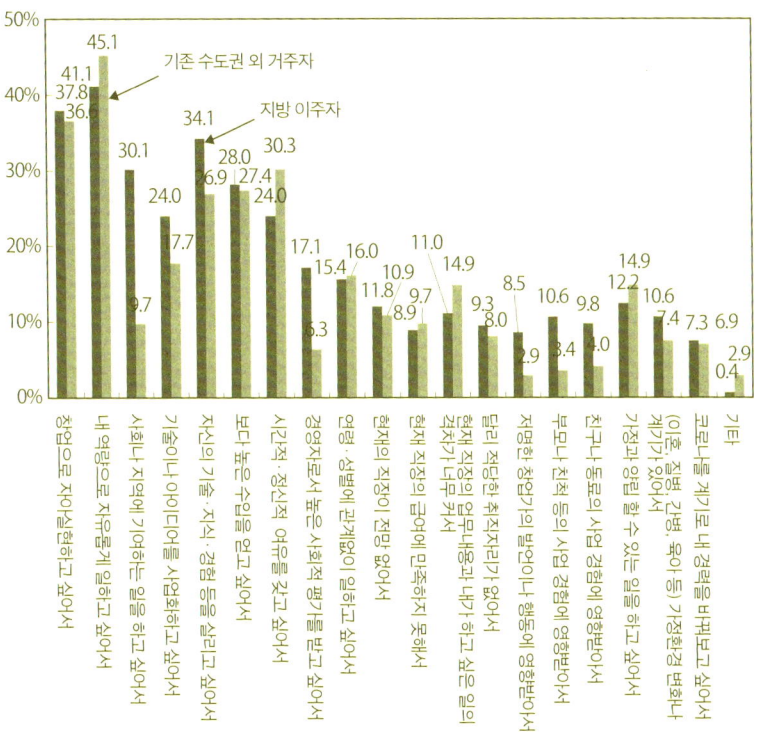

〈그림 2-1-1〉 이주 창업의 계기

* 출처 : 내각부(2022, https://tinyurl.com/23jgfc6w)

대부분의 이주 창업자는 지역과 좋은 관계

대체 어떤 사람이 이주 창업을 할까. 지역과의 관계성 등 이주 창업 후의 실태는 어떠한가. 이에 대해서는 2021년 내각부 조사와 일본정책금융공고 조사[64]를 살펴볼 필요가 있다.

---

[64] 日本政策金融公庫, 2022, 「2021年度起業と起業意識に関する調査」. 이 조사에 대한 상세한 분석

우선, 이주 계기와 창업간 관계를 살펴보자. '창업하기 위해' 이주한 사람은 18.4%로 약 5명 중 1명 규모다. 단, 결혼(15.1%), 부모(처가 포함)와의 동거나 근처 거주(15.1%), 육아(11.8%), 특별한 계기 없음(27.0%) 등 창업 이외의 목적과 동기가 대부분이다. 오히려 결과적인 선택으로써 창업한 사람 쪽이 많다. 그리고 다른 이주처럼 이주 창업도 U턴형이 많다.

이주 창업의 직원 수와 평균 월수입을 보면 1인 창업이 83.6%로 나타났다. 평균 월수입은 50만 엔 미만 69.0%, 50~100만 엔 미만 14.0%로 나타났다. 이주 창업으로 지방의 고용 증가를 기대하는 목소리가 높지만 지방의 고용 증가와 세수 증가에 이주 창업이 기여하는 정도는 제한적이라는 것을 알 수 있다.

다만, 이주 창업자 61.2%는 흑자를 유지하고 있다고 응답하여 중장기적으로는 지역경제에 기여하는 핵심 주체가 될 것이라고 평가할 수 있다. 정부와 지자체는 즉시 성과를 원하겠지만 장기적인 관점으로 지원해야 하는 것이다.

이주 창업 후의 지역과 관계에 대해서도 살펴보자. 일본정책금융공고 조사에 의하면 이주 창업자 중 지역에 '적응하고 있다' 27.6%, '적응하는 편이다' 47.4%로 나타났다. 약 3/4의 이주 창업자는 이주 지역과 양호한 관계를 구축하고 있다. 또한 지역에 적응 여부와 채산성의 관계는 〈그림 2-1-2〉와 같다.

은 桑本香梨・青木遥. 2022. 『移住創業と地域のこれから』. 同友館. 참조.

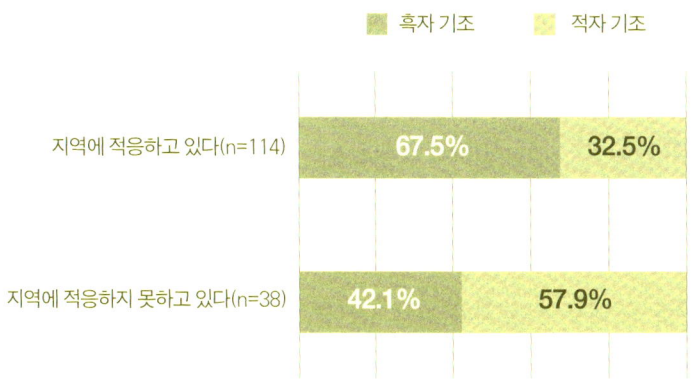

〈그림 2-1-2〉 지역에 적응 여부와 이주 창업의 채산 상황

* 출처 : 일본정책금융공고(2022)

　당연히 지역에 적응하고 있는 이주 창업자가 그렇지 못한 경우보다 흑자를 냈다. 또한 지역에 적응 여부와 정주 희망의 관련성도 적응하지 못하는 이주 창업자는 정주 예정 23.7%인 반면 적응하고 있는 이주 창업자는 65/8%가 정주 예정이라고 응답했다. 즉, 채산성을 높이고 정주 가능성을 높이는데 유용하므로 이주 전부터 창업 희망자에 대한 지역 관계 형성 지원이 중요하다.

정부 지원 때문에 이주한 것은 아니지만
25%가 지원사업을 통해 이주

한편, 정부와 지자체가 이주 창업을 지원하는 것도 한계가 있다. 이주 창업 지원의 정책효과를 살펴보자.

일본정책금융공고 조사에서 '지금 살고 있는 지역을 선택한 적극적인 이유'에 대해 물었더니 '창업 지원금을 받을 수 있어서' 2.7%, '이주 지원금 때문에' 0.7%로 나타났다. 정부의 지원제도 및 지원자는 많지만 지원금이 결정적 이주 이유는 아닌 것이다.

반면, 내각부 조사에서는 창업할 때에 각종 지원사업 이용이나 상담 비율이 꽤 높은 것으로 나타났다.[65] 이주 창업자 28.5%가 정부의 창업 지원금을, 40.2%가 지자체의 창업지원금·보조금·창업지원 융자를, 26.8%가 창업 응원 세제 지원을 이용한다고 응답했다.

예비창업자나 관심자가 필요한 지원제도와 상담처로는 정부와 지자체 지원금이 가장 높게 나타났고, 그 외에 각종 행정절차 등 창업과정 지원(18.3%), 창업 경험자의 상담(18.6%), 온라인의 창업·경영 정보 제공(15.3%)으로 나타났다.

결국 창업을 조건으로 이주자를 늘리려는 시도는 -일부 선행 사례를 제외하고- 적절한 정책방향이라고 보기 어렵다. 또한 예비창업자들에 대한 지원이나 상담처 이용은 어느 정도 지역으로 가는 경로를 형성

---

[65] 内閣府. 2022. 「地域の起業の実施状況等に関する調査」.(https://tinyurl.com/23jgfc6w)

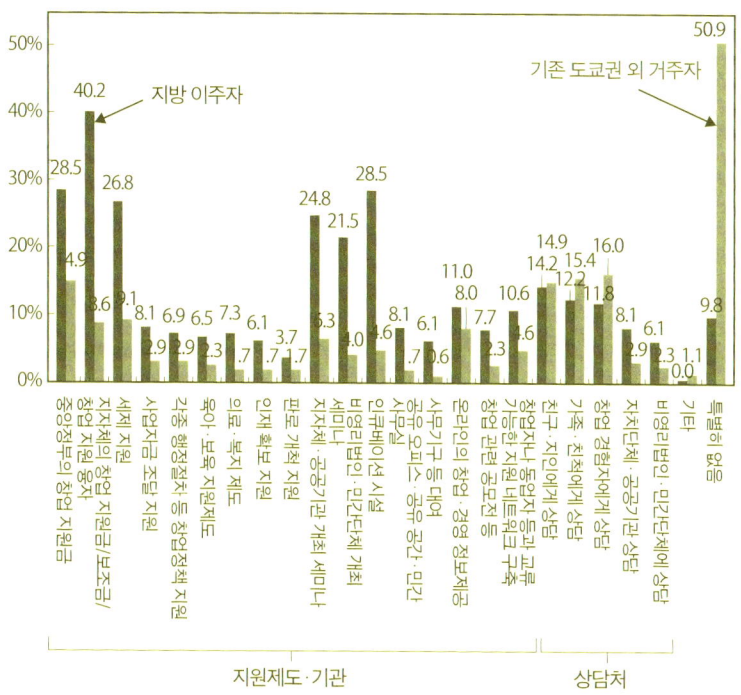

〈그림 2-1-3〉 창업할 때 이용한 지원제도와 상담처

* 출처 : 내각부(2022, https://tinyurl.com/23jgfc6w)

한다.

〈그림 2-1-3〉에 의하면 수도권 외에 거주자 50.9%는 '특별히 없음'이라고 응답했다. 이를 거꾸로 해석하면 이주 창업자보다 압도적으로 많은, 지역 주민의 약 절반은 정부 지원이나 상담처를 이용한다는 의미다. 즉 무조건 이주 창업자만 지원하는 것이 아니라 지역 주민도 지원받을 수 있는 공정한 정책 원칙이 수립되어야 한다.

2-2
교육 이주
지방 고유의 교육환경이 이주자를 끌어들인다

아이를 위해 보다 좋은 교육환경을 찾아 지방 이주

아이의 교육환경 향상을 위해 사는 곳을 바꾼다는 선택은 예전부터 늘 있어왔다. 원하는 학교에 아이를 입학시키기 위해 사는 곳을 바꾸거나 글로벌하게 활약하라고 해외 이주도 불사하는 부모는 늘 있었다.

최근 지방으로의 '교육 이주'가 주목받고 있다. 교육 이주는 아이를 위해 보다 좋은 교육환경을 찾아 지방으로 이주하는 것이다. 주로 어린이집이나 유치원에서 초·중학교를 찾아 이주하는 경우가 많다.

다양한 유형이 있지만 자연 보호, 숲 유치원, 자연 교육, 야외 교육 등으로 대표되는 '자연 체험 등 교육환경'에 끌려 이주하는 유형과 글로벌한 교육, 특정 교육사상, 지역과의 강한 연대 교육 등 '독자적인 교육 모델'에 끌려 이주하는 유형이 있다. 1970년대에 등장하여 지금도 계속되는 '산촌유학'은 딱 중간에 위치하는 것 같다.[66]

---

[66] 오랫동안 어린이 산촌유학을 계기로 유학이 끝난 후에 가족 모두 지역에 이주했다는 연구결과가 나타나고 있다(前田真子·西村一郎, 2004. "山村留学を契機とした都市住民の農山村地域への移住と移住家族の山村留学における役割."『農村計画学会誌』23(1) : 8~15.).

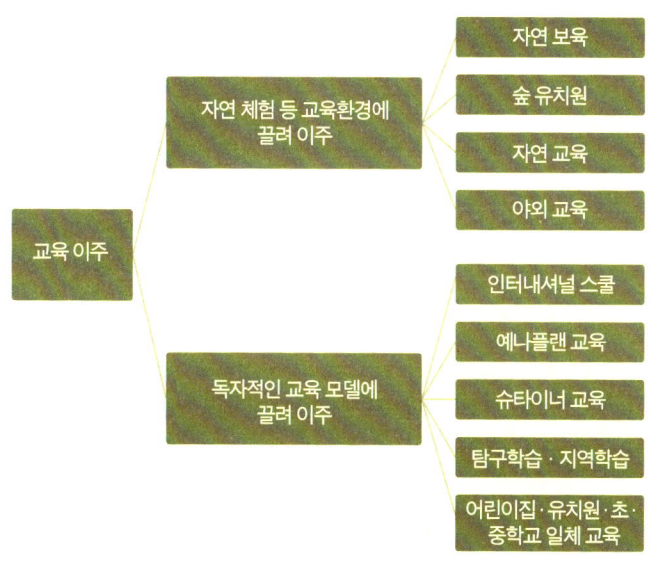

<그림 2-2-1> 교육 이주 분류

*출처 : 저자 작성

이주자 중 교육을 중시하는 사람은 3~5% 정도

교육 환경 향상을 위해 이주하고 싶다는 사람은 어느 정도일까. 지방 이주에 관심 있는 수도권 거주 20~30대 기혼남녀 조사에 의하면 이주지에서 육아를 하는 경우, 이주지의 육아 환경에서 '학력·지식 향상이 가능한 교육환경'을 중시하는 사람 26.8%, '소수정예의 여유로운 교육환경'을 중시하는 사람 17.8%였다.[67]

---

[67] 一般社団法人 移住·交流推進機構(2017)

한편 실제 이주자 조사에서는 조금 다른 결과도 나타났다. 총무성이 지역 매력과 농산어촌에 대한 관심 때문에 과소지역으로 이주한 사람을 조사한 바에 의하면 도시로부터 이주한 사람들의 9.8%가 이주할 때 '육아에 필요한 보육·교육시설과 환경 정비' 요소에 영향을 받았으며 3.8%가 그런 환경을 중시해서 이주했다고 응답했다.[68]

또다른 조사에서도 비슷한 결과가 나왔다. 내각관방이 코로나 시기에 수도권에서 지방으로 이주한 청년을 대상으로 조사한 바에 의하면 응답자의 5.3%가 '육아 환경, 교육 환경을 바꾸기 위해 이주했다'고 응답했다.[69]

해석은 다양할 수 있고 3~5%가 이주할 때 교육환경을 중요하게 생각한다면 별로 많지 않다고 평가할 수 있지만 어쨌든 교육환경 때문에 이주하는 사람들은 존재하는 것이 현실이다.

결과적으로, 과도하게 교육 이주에 기대하지 않고 일단 통계나 조사 등 제대로 된 실태조사를 해야 한다. 특히 교육 이주 경험자와 교육 관계자가 이주 촉진에 관여할 때에는 교육의 가능성과 중요성을 간과하는 경우도 있다. 사회와 지역에서 교육은 중요한 부문이지만 사람에 따라 교육에 대한 기대나 가치판단이 다르다는 것을 충분히 고려할 필요가 있다.

---

[68] 総務省. 2018.「過疎地域への移住者に対するアンケート調査結果」.
[69] 内閣官房デジタル田園都市国家構想実現会議事務局・三菱UFJリサーチ&コンサルティング株式会社. 2023.「若年層の東京圏、地方圏への移動に関する意識調査」.

교육 이주 촉진의 열쇠는 '선구성'과 '독자성'

실제로 어떤 교육 이주 사례가 있을까? 내 지인 중에 한 명은 교육환경을 찾아 이주하고 그 교육 모델에 매력을 느껴 교원으로 근무하고 있다. 그가 근무하는 나가노현 사쿠호정(佐久穂町) 모라이학원(茂来学園)의 오히나타 초등학교·오히나타 중학교 사례를 살펴보자.

오히나타초등학교는 2019년 4월에 개교했다. 일본 최초로 '예나 플랜(Jena Plan)'[70] 교육방식을 도입한 교육부 인증학교다. 예나플랜은 독일에서 시작되어 네덜란드에서 확산된 교육방식이다. 학생 한 사람 한 사람을 존중하며 자율과 공생을 배우는 개방적 교육 모델이다.[71]

오히나타초등학교는 '일본 최초'라는 브랜드와 독자적인 교육 방침 때문에 큰 관심을 받았다. 지금은 재학생의 70%가 이주 가족이다. 도쿄에서 제일 가까운 사쿠다이라역(佐久平駅)까지 신칸센으로 1시간 20분 정도 걸리는 지리적 강점 외에도 일본 최초라는 '선구성'과 고유의 교육환경이라는 '독자성'이 이주자를 끌어들인 것이다.

---

70) 독일 예나대학 교수 피터 피터슨(Peter Petersen)이 1924년 만든 교육 방식. (역주)
71) 2022년 후쿠야마시립 토모니학원이 공립학교 최초로 예나 플랜을 도입했다. 일본 예나플랜 교육협회의 '예나 교육 안내(https://japanjenaplan.org/jenaplan/)' "公立初の「イエナプラン教育校」自律と共生を重視."(日本教育新聞 2022.09.26. https://www.kyoiku-press.com/post-249123/) 참조.

<그림 2-2-2> 사코호정 위치

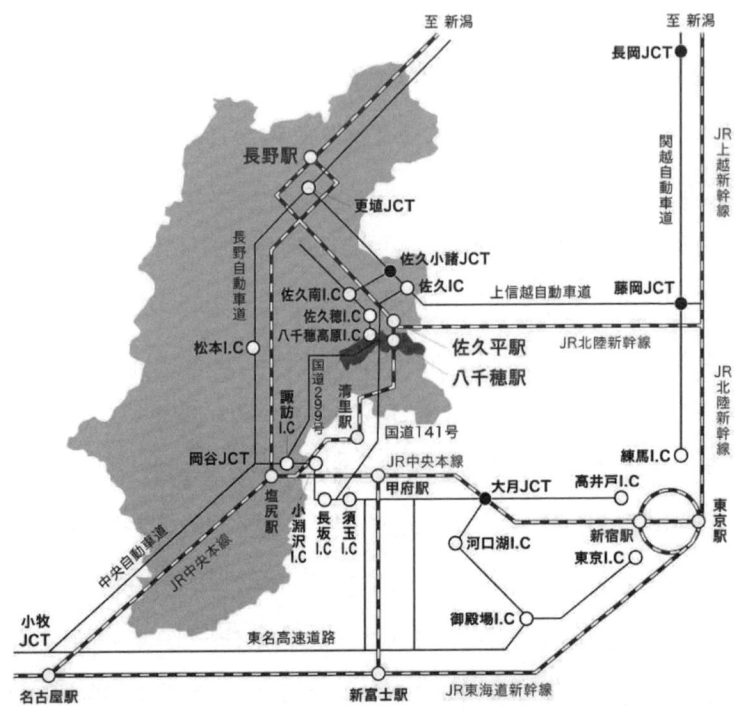

* 출처 : https://tinyurl.com/23ek273m

'선구성'과 '독자성'은 많은 교육 선행 사례에서 공통적으로 나타나는 특징이다(〈사진 2-2-1〉). 나가노현 가루이자와정(軽井沢町)에서 2020년 개원한 유·초·중 일체 학교 가루이자와 가자코시학원(風越学園), 2013년 개교한 전교생 기숙사제 인터내셔널 스쿨 ISAC, 섬 유학 촉진정책에 의해 섬 살이 교육을 목표로 제시한 시마네현립 오키도젠고교(隱

〈사진 2-2-1〉 오히나타 초중학교(상)
가루이자와 가자코시학원(하)

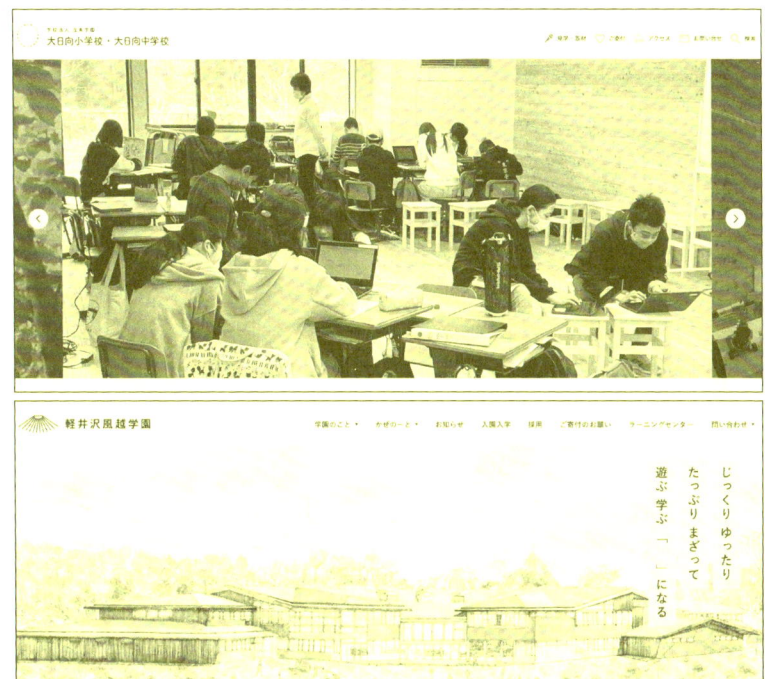

* 출처 :(상) https://www.jenaplanschool.ac.jp/ (하) https://kazakoshi.ed.jp/om/23ek273m

岐島前高校) 매력화 프로젝트, 학교 숲과 IT를 활용하여 전교생이 증가하고 있는 나가노현 이나시립 이나니시초등학교 등이 모두 그런 사례들이다.

교육 이주는 한 번으로 끝나지 않을 가능성이 높다

교육 이주 사례가 늘어나는 한편, 이주해서 살면서 교육에 대한 불만이 느는 것도 현실이다.[72]

- 학교까지 먼 통학 거리(사이타마현 39세 여성)
- 대도시권에서보다 학력이 낮아질 것 같은 불안감(사이타마현 39세 여성)
- 낮은 고교·대학 진학 선택지(도쿄부 35세 남성)
- 늘 불편(도쿄부 35세 남성)
- 어린이들이 무럭무럭 자라기 어려운 환경(도쿄부 39세 여성)

따라서 지자체는 이주와 교육 실태 및 관련성을 제대로 파악해야 한다. 교육 이주는 지방 이주처럼 한 번 경험하고 끝나는 것이 아니라는 사실도 유념해야 한다.

앞서 이주지 교육의 불만으로 '낮은 고교·대학 진학 선택지'가 제시된 것처럼 '유치원과 초등학교는 지방에서 다니고 중학교부터는 아이와 상담한 후 대도시권으로 다닌다'고 말하는 부모들도 많다. 교육 이주야말로 교육 목적이 바뀌면 또다른 교육 이주로 이어지는 것이다.

교육 이주의 특징은 아이 중심의 이주로써 아이의 성장단계에 따라

---

72) 一般社団法人 移住·交流推進機構(2017)

계속 이주지가 바뀔 수 있다. 따라서 지자체는 정주를 바라는 이주자인지 일시적으로 이주하려는 것인지 제대로 파악하며 지원 시스템을 정비해야 할 것이다.

2-3
이주 결혼
수요와 선택지에 대한 고찰

결혼활동 지원 사업자와 지자체가 협업하며 이주 결혼 가속화

2020년대부터 저출생 대책, 결혼 지원, 이주 촉진이라는 맥락으로 이어지는 현상이 있다. '이주 결혼', '지방 이주 결혼' 등으로 부르며 지방 이주와 결혼을 세트로 추진하는 정책이 그것이다.

2024년 8월, 정부는 지방 이주 지원금을 1인 60만 엔으로 확대하며 도쿄의 23구에 거주·출퇴근하는 여성이 결혼하기 위해 이주하는 경우도 지원하겠다고 밝혀 사회적으로 물의를 일으켰다. 각지에서 '여성을 돈으로 움직인다'는 비판을 받아 결국 이 정책을 철회했다.[73]

시골살이와 결혼 촉진을 묶는 정책은 과소화에 동반하는 농업 후계 청년의 신부감 부족을 배경으로 1970년대부터 나가노현 등에서 간헐적으로 나타났다.[74]

그러나 지자체와 연대하여 도시에서 지방으로 이주하고자 하는 독

---

73) 共同通信社. 2024.08.27. "移住婚"女性に60万円東京一極集中に歯止め." (https://nordot.app/1201087279478374870?c=302675738515047521), 朝日新聞. 2024. "移住婚支援、担当相が事実上撤回「女性をお金で動かす」批判続出で." (https://tinyurl.com/2aogplgn)

74) 読売新聞(1974.08.18.)

신자에게 결혼 상대와 이주지를 동시에 찾는 것을 지원하는 시책은 최근 들어 등장한 것이다.

특히 코로나 감염 확대에 동반하여 원격근무/재택근무가 보급되고 온라인 상담 체제가 확충되면서 본격화되었다. 주로 (지자체 단독이 아니라) 결혼활동 지원 사업자와 지자체가 함께 시행하는 경우가 많다.

이주 결혼 관심 실태

언뜻 보면 관련성이 낮은 지방 이주와 결혼은 도대체 어떤 관련성이 있을까. 〈그림 2-3-1〉은 결혼준비활동사업과 웨딩사업 전문업체인 다메니주식회사가 25~45세 미만 남녀 1,408명을 대상으로 조사한 결과다.

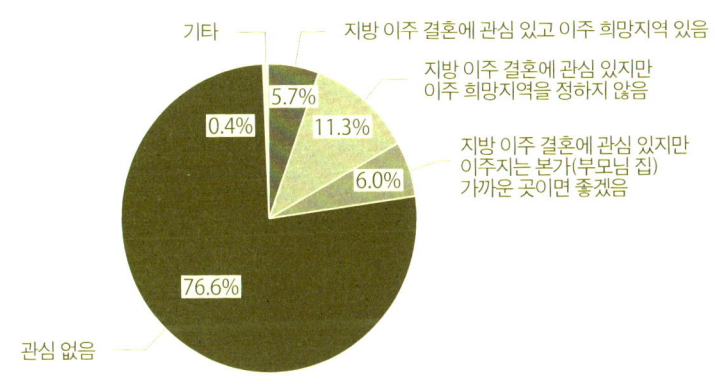

〈그림 2-3-1〉 지방 이주 결혼에 대한 관심도

* 출처: タメニー株式会社, 2024, "「地方移住婚」に関するアンケート調査結果."
(https://tinyurl.com/2dou3m74)

'이주 결혼에 관심 있다' 23.0%, '관심 없다' 76.6%로 나타났다. '관심 있다'고 응답한 사람의 5.7%는 이미 이주 희망 지역이 있다고 응답했다.[75]

그렇다면 결혼활동 관심층은 어떻게 생각할까. 일본 최대 혼활[76] 포털 서비스 오미카레(オミカレ)가 여성회원 947명을 대상으로 조사한 바에 의하면 지방 이주 결혼에 '관심이 많다'고 응답한 사람 7.5%, '조금 관심이 있다'는 31.3%였다.[77]

실제로 지방에 이주 경험이 있는 사람은 어떨까. 총무성의 과소지역 전입경험이 있는 이주자 대상 조사에 의하면 대도시에서 과소지역에 전입할 때 결혼이나 이혼을 이유로 제시한 사람은 12.1%였다. 또한 이주 전에 지금의 거주지에 관심 없던 이주자 가운데 결혼이나 이혼을 이유로 든 경우는 남성 8.4%, 여성 24.2%로 나타나 이주와 결혼·이혼의 관련도는 남녀 격차가 큰 것으로 나타났다.[78]

이주 결혼을 촉진하는 민간단체나 지자체의 성과도 확인해 보자. 이주 결혼 촉진활동을 적극적으로 추진하고 있는 일본혼활지원협회에 의하면 2020년 8월 모집 시작때부터 2024년 3월 말까지 전국 8개 도도부현 지자체에서 총 1,087명의 희망자를 소개하여 30쌍 이상이 맺어졌다.[79]

---

75) タメニー株式会社. 2024. "「地方移住婚」に関するアンケート調査結果." (https://tinyurl.com/2dou3m74)
76) 일본에서는 맞선 등 결혼하고자 노력하는 것을 결혼활동(줄여서 혼활)이라고 부른다. (역주)
77) オミカレ. 2023. 「移住婚活」に関する意識調査 オミカレ婚活実態調査」. (https://tinyurl.com/2bazsudp)
78) 総務省. 2018. 「過疎地域への移住者に対するアンケート調査結果」.
79) 一般社団法人日本婚活支援協会. 2024. 「自治体向け結婚支援サービス】婚活協会の '移住婚' 令和6年5月より『岐阜県飛騨市』受け入れ開始のお知らせ」. (https://konkatu.or.jp/press_release2024_0508_

이러한 조사결과는 이주 결혼에 대한 관심은 점점 확산되고 있지만 실제로 이주 결혼으로 이어지는 사례는 얼마 안된다는 것을 나타낸다.

이주+결혼이라는 이중 개입을 둘러싼 쟁점

이주 결혼에 대해서는 몇 개의 과제와 쟁점이 있다.

첫 번째 과제는 이주 결혼 지원에 대한 수요가 실제로 존재하는가 이다. 미야코지마시는 저출생 대책과 청년 이주·정주 촉진을 위해 '결혼 신생활 지원 사업'을 실시했다. 그러나 2023년 신청 건수는 목표치인 155세대를 크게 밑도는 51건이었고 그나마 실제로 지원한 건 47건에 불과했다.[80] 이처럼 기대와 성과가 불일치한 사례는 다른 지자체들도 마찬가지였다. 일단 제도 자체를 잘 모르고, 절차의 복잡함에 대한 걱정, 수요가 적은 것이 그 원인이다.

지자체가 이주와 결혼을 동시에 추진하며 일석이조 효과를 얻고자 한들 이미 인구 감소, 저출생, 고령화 시대이거니와 매일 일과 생활에 치이는 상황에서 제도를 이용할 사람들은 얼마 되지 않는 상황이다. 따라서 참여 대상이나 대상 세대 조건 완화 외에도 이주 결혼 희망자에 대한 정확한 조사가 선행되어야 한다.

01/)
80) "申請わずか 51件 / 結婚新生活支援事業." (宮古毎日新聞 2024.05.12.)

두 번째 과제는 개인의 선택인 이주와 결혼에 대해 정부가 어디까지 개입할 수 있는가 하는 점이다. 이 책 전체에서 이주에 정부가 개입하는 것이 맞는가라는 의문을 제시하기도 하지만 결혼 역시 마찬가지다. 이주 결혼 촉진은 이른바 '관제 혼활'[81]의 하나의 형태이지만 관제 혼활 자체에 대한 비판도 많다.

사회학자 사이토 마사미(斎藤正美)는 저출생 대책으로 실시하는 관제 혼활은 사적 영역에 대한 국가 개입, 결혼과 이주를 일체형으로 실시하는 것은 성적 소수자, 비혼자, 아이를 원하지 않는 사람, 아이가 없는 사람 등을 배제한 정책이라고 비판한다.[82]

또한 일부의 지자체들도 결혼 결정은 사람의 생존방식 그 자체이자 개인의 가치관이기 때문에 공권력이 개입하는 것은 적절하지 않다는 의견이 제시되었다.[83]

이주 결혼 촉진의 특수성은 이주와 결혼이라는 개인의 두 개의 선택에 동시에 정책적으로 개입하는 것이다. 그러다 보니 각각의 선택을 개별적으로 촉진하기보다는 이중의 강한 개입이 될 수 있다.

또한 혼활 지원 측면에서는 이주자나 이주 희망자만 편파적으로 지원한다는 비판을 받을 수 있다. 지자체의 제한된 예산에서 과연 그런 지원이 바람직하고 정당한지 공공성과 정당성을 재검토해야 한다.

---

81) 관제 혼활은 정부나 지자체가 나서서 결혼 이벤트 개최, 매칭 어플 개발, 혼활 지원금 제공 등을 하는 정책적 결혼지원사업이다.

82) 斎藤正美. 2021. "Choose大学 公共政策と公共性～官製婚活から考える～第1回「官製婚活」って何？." (https://tinyurl.com/28onwjfe)

83) "自治体が婚活サポート, 出会いの場提供はやりすぎ？… '若者は奥手だから', '価値観の押し付け'". (読売新聞 2023.12.15., https://tinyurl.com/287odko7)

〈사진 2-3-1〉 지자체의 이주 결혼 홍보물

* 출처 : (상) https://konkatu.or.jp/north_shinsyu20240928/
(하) https://www.kyotokan.jp/event/event-3694/

2-4
다운 시프트
'수입이 줄어도 이주 희망자는 많다'는 속설

'수입이 줄어도 이주 희망자는 많다'?

'수입은 줄었지만 이주해서 행복하다', '돈보다 소중한 것을 이주해서 알게 되었다' 이런 말을 미디어에서 자주 본다. 실제로 지역에서 듣는 말이기도 하다.[84]

2010년대 후반부터 수입 감소를 전제로 생활을 수정하고 자신에게 의미 있는 생존방식을 실현하는 사람들을 '다운 시프터(down shifter)'라고 부른다. 프랑스 경제사상가 세르주 라토슈(Serge Latouche)는 다운 시프트는 '자본주의의 지나친 경제성장 지상주의로 생활시간과 노동 압박을 당하는 사람이 인간으로서 풍요로운 생활을 되돌리기 위해 수입과 노동시간 감소를 받아들이는 실천이나 사상'이라고 정의했다.[85]

이러한 논리대로라면 지금은 자본주의로 상징되는 도시 라이프스

---

84) 지방 이주를 하면 수입이 감소할 가능성이 높다는 것은 각종 통계에서도 나타난다. 2022년 후생노동성의 도도부현 임금 조사에 의하면 도쿄도 375만 5천 엔에 비해 아오모리와 미야기현은 250만 엔 이하 수준이었다(厚生労働省. 2023. 「令和4年賃金構造基本統計調査」).

85) セルジュ ラトゥーシュ·ディディエ アルパジェス. 2014. 『脱成長（ダウンシフト）のとき：人間らしい時間をとりもどすために』. 未来社

타일이나 워크스타일과 결별하고 '탈소비주의', '탈자본주의'적 생존방식을 실천하기 위해 이주하는 사람이 늘고 있다는 설명이 가능하다. 과연 그러한가.

다운 시프터는 이주자의 23.4%뿐

과연 대부분의 이주자·이주 희망자는 수입 감소를 받아들인 다운 시프터 또는 다운 시프트를 허용하는 사람들일까. 조사결과는 그렇지 않다.

이주·교류촉진기구가 20대~30대 지방 이주에 관심 있는 기혼남녀 500명을 조사한 바에 의하면 지방 이주할 경우, 세대 수입 증가의 희망 범위와 감소의 허용 범위에 대한 질문에 대해 수입 감소를 수용한다고 응답한 사람은 31.2%로 나타났다.

〈그림 2-4-1〉을 보면 수입 감소 허용 31.2%, 현상 유지 39.2%, 수입 증가 희망 29.6%다. 즉 청년 기혼남녀 이주 희망자의 약 70%는 다운 시프트를 허용할 수 없다고 생각한다.

페르솔(PERSOL)총합연구소의 이주 경험자 조사에서도 이주할 때 수입 증감 평균은 변동 없음 58.6%, 증가 18.0%, 감소 23.4%로 나타났다. 다운 시프터는 약 25%에 불과했다.[86]

---

86) パーソル総合研究所, 2022.「地方移住に関する実態調査(PHASE1)」.

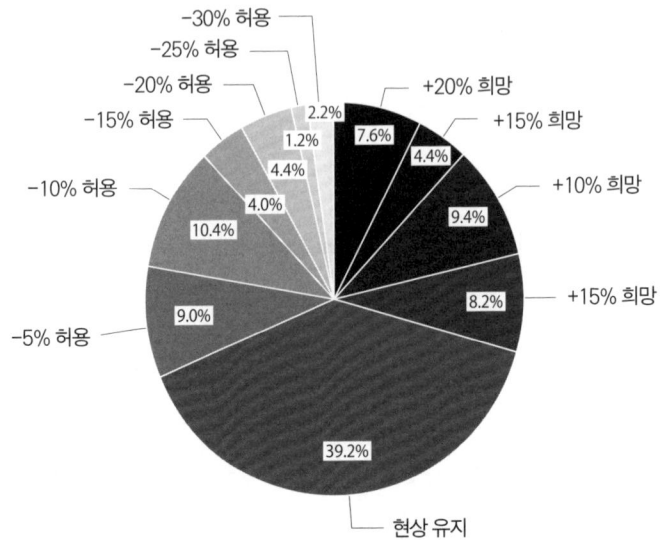

〈그림 2-4-1〉 이주할 때 세대 연수입의 증감 허용 범위

* 출처 : 一般社団法人 移住·交流推進機構(2017)를 재구성

세대의 연수입이 많고 연령이 높으면 다운 시프트 허용

그렇다면 속성이 달라지면 다운 시프트 허용범위도 달라질까? 이주·교류촉진기구 조사에서 세대 연수입 5백만 엔 미만 층은 수입 증가 희망률이 높았고, 5백만 엔 이상 특히 7백만 엔 이상 계층은 감소 허용률이 높았다.

또한 페르솔총합연구소의 조사 결과 중 이주 희망자를 세대별로 구분하면 20대의 46.7%는 감소는 있을 수 없다고 응답했지만 60대는 19.1%가 감소를 허용하지 않는다고 답했다.

〈그림 2-4-2〉 이주시 연령별 연수입 감소 허용 범위

* 출처 : パーソル総合研究所, 2022, 「地方移住に関する実態調査(PHASE1)」를 재구성

결국 '대부분의 이주자는 수입 감소를 받아들이고 있는 다운 시프터' 라는 인식은 착각이라고 말할 수 있다. 이주에 동반하는 다운 시프트를 허용하는 것은 고연령자들일 뿐 경제적 여유가 없는 청년층은 수입 감소를 원치 않으며 대부분 현상 유지 혹은 증가를 바란다.

수입 불안에 대한 케어가 중요

나는 지역부흥협력대 인터뷰 조사에서도 비슷한 생각을 했다. 협력대 제도는 지방 이주와 그 후의 정착에도 큰 경제적 기여를 했다. "적응이 어려운 환경에서 사는 것은 큰 일이므로 우선 수입이라도 안정되고

자 협력대원에 지원했다", "처음부터 협력대가 되고 싶었다. 3년간 수입이 보장된다는 것에 큰 매력을 느꼈기 때문이다"라는 의견을 들었기 때문이다. 특히 연수입이 적을수록 '돈은 없어도 좋으니 이주하고 싶다'는 가치관으로 이주를 결정하는 경우는 없었다.[87]

지방 이주에 대해 때로는 다운 시프터처럼 금전적 가치보다 삶의 질과 풍요로움이 중요하다고 말하는 경우가 있다. 그러나 지방 이주자나 이주 희망자 대부분은 수입 유지나 증가를 원한다. 지자체가 일과 수입 확보에 기여 할 수도 있지만 현실의 이주 선택자들에게는 부분적 지원보다 근본적 산업정책이나 고용 창출이 훨씬 더 중요하다.

---

87) 伊藤将人. 2023. "地域おこし協力隊制度の分析によるモビリティと政策の関連性の一考察 : Kaufmanのモティリティ概念 アクセス·スキル·認知的充当に着目して." 『一橋社会科学』 Vol.15 : 53~62.

2-5
요양 이주
고령화 사회, 지방의 대응

2025년 문제, 요양 이주에 대한 관심 고조

이주 촉진 정책은 청년과 육아세대에 집중하는 경향이 있다. 그러나 전후세대가 75세 이상이 되는 2025년, 다시금 고령자의 지방 이주에 대한 관심이 높아지고 있다.

고령자의 지방 이주 가운데 요양을 위해 지방으로 이주하는 것을 '요양(介護) 이주'라고 부른다. 여기에는 두 개의 의미가 있다.

첫째, 고령자 스스로 노후의 웰빙, 특히 요양 서비스를 받기 위해 지방 이주하는 것이고, 둘째, 고령자 자신이 아니라 부모와 조부모의 요양을 위해 자식이나 손자 등 친족이 이주하는 것이다. 요양 이주를 논할 때에는 이 점을 혼동하지 않는 것이 중요하다.

고령자의 지방 이주 촉진 역사

급속한 고령화가 진행되는 일본에서는 지금까지 수차례 요양 이주에 대한 관심이 있었다.

〈표 2-5-1〉 요양 이주에 대한 관심 형성과정

1986년	실버콜럼비아계획92[88] 실패
1992년	시마네현 오키군 니시노시마정 실버아르카디아 사업 시작
1998년	정년 귀농 특집을 제시한 『현대농업』 2월 증간호의 인기
2002년	홋카이도 다테시 웰시랜드 계획
2002년	전후세대 이주 촉진을 목표로 후루사토회귀지원센터 설립
2007년	전후세대의 일제 퇴직으로 이주에 대한 관심 고조 '2007년 문제'
2012년	정년 연장으로 '2007년 문제'가 재논의되며 다시 이주 의제가 관심 받음
2015년	일본창성회의 '수도권 고령화 위기회피전략' 발표
2016년	생애활약마을(일본판 CCRC) 추진 본격화
2025년	전후세대가 후기 고령자가 되면서 이슈화 '2025년 문제'

* 출처 : 저자 작성

    1990년대 전반, 시마네현 오키군 니시노시마정(西ノ島町)은 도시의 실버 연령 이주 촉진을 위해 '실버 아르카디아[89] 사업'을 선도적으로 시작했다. 2000년대 중반 이후부터는 전후세대가 한꺼번에 정년퇴직하므로 지방 이주가 촉진될 것이라는 기대도 형성되었다.

    또한 2016년부터 정부의 지방창생정책의 일환으로 중장년층 이주를 중심으로 '생애활약마을(일본판 CCRC(Continuing Care Retirement Community))'이 본격적으로 추진되었다.

    그러나 정부에 의한 고령자 이주 촉진은 지자체의 재정 부담 증가, 도

---

88) '실버 콜럼비아계획92'는 1986년 통상산업성 서비스 산업실이 발표한 정책으로써, 정년 퇴직자가 해외에서 제2의 인생을 보내는 프로그램이다. '92'는 콜럼버스가 아메리카 대륙을 발견한 1492년에서 500년 후인 1992년까지 실버세대의 신천지를 해외에 구축한다는 의미다. 그러나 실제로는 계획만 제시되었을 뿐 실패한 정책이다(일본 위키피디아). (역주)
89) 아르카디아는 고대 그리스의 이상향이다.

시의 논리에 따른 지방에 부담 강요라고 비판받은 측면도 있기 때문에 성공한 정책이라고 평가하기 어렵다. 특히 전후세대의 이주 촉진과 생애 활약마을은 장밋빛 전망과 추계의 신뢰도 문제가 제기되었다.[90]

웰시랜드 계획의 지속가능한 고령자 이주 모델

홋카이도 다테시(伊達市)[91]는 2002년부터 '다테 웰시랜드(wealthy land) 계획'을 발표하며 20여 년 이상 고령자 이주 촉진을 위해 노력하고 있다. 이 사례는 고령자 스스로 노후의 풍요로운 생활과 요양을 구성한 대표 사례다.

다테 웰시랜드 계획은 저출생 고령화 환경에서 고령자가 안심·안전하게 살 수 있는 마을 만들기를 진행하며 고령자 대상 주택 확충, 모빌리티 서비스 등 고령자 맞춤형 산업을 창출함으로써 고용 촉진과 풍요로운 마을 만들기를 동시에 이루고자 하는 계획이다.

핵심은 이주 촉진 정책뿐만 아니라 다양한 사업과 연결하는 계획이라는 점이다. 또한 계획의 상위 목적은 지역 주민을 항상 포함하며 정주를 촉진한다는 것이다.[92]

---

90) 伊藤将人. 2023. "なぜ団塊世代の地方移住は積極的に促進されたのか : 国の研究会報告書における移住促進言説の正当化/正統化戦略に着目して."『地域政策研究』Vol.31 : 40~49. ; 藤浪匠. 2015. "高齢者移住と地域活性化 : 高齢者誘致戦略の可能性と限界."『JRIレビュー』10(29) : 2~18.
91) 2025년 8월 말 기준 총인구 30,763명. (역주)
92) 北海道 伊達市. 2016. "伊達ウェルシーランド構想" 概要(https://tinyurl.com/238djvp4)

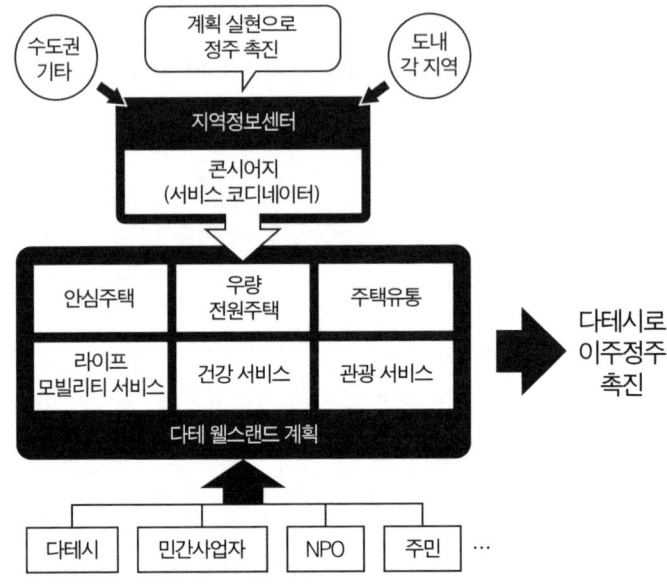

<그림 2-5-1> 다테 웰시랜드 계획 구조

* 출처 : 伊達ウェルシーランド構想の全体像(https://tinyurl.com/238djvp4)

2002년 민관 협동으로 '다테 웰시랜드 프로젝트 연구회'를 발족하고 고령자가 살 수 있는 다테형 안전주택제도, 다테형 우량전원 주택, (60세 이상을 대상으로 한) 등록제 승합택시[93], 다테형 라이프 모빌리티 서비스 등을 계획했다.

다테 웰시랜드 구상이 고령자 이주 촉진 사례로 장기간 수립되며 지

---

93) 60세 이상이 1만 엔의 회비를 내고 저렴한 비용으로 자차처럼 이용할 수 있는 택시로써 '사랑택시(愛のりタクシー)'라는 이름으로 지금도 운영 중이다(https://manekai.ameba.jp/life/date-cci/). (역주)

속가능한 모델을 확립할 수 있는 이유는 3가지가 있다.

첫 번째는 '선구성'이다. 전후세대의 대규모 정년퇴임이라는 '2007년 문제'에 대비해 정부나 대부분의 지자체가 전후세대의 이주 촉진을 본격적으로 추진한 시기는 2004년, 2005년 즈음이다. 그러나 다테시는 민간 및 전문가와 네트워크를 만들어 고령자의 지방 이주 초기 단계부터 협업하여 결과적으로 많은 미디어와 정부 연구회 등에서 거론되는 선도 사례가 되었다.

두 번째는 '처음부터 민관연대'다. 계획 추진 초기 단계에 구성한 검토협의회는 행정 주도적 구조를 유지하면서 지역의 금융·주택·부동산·복지 등 각 분야에서 활약하는 젊은 경영인의 참가를 독려하여 공금 재정 사용을 최소화하는 형태로 진행했다.[94]

세 번째는 '인구 증가를 목적으로 하지 않는다'는 자세다. 다테시의 담당자는 이주 촉진에서 성과를 내는 포인트에 대해 다음과 같이 말한다.

"'인구를 늘리기 위해 무엇을 할까'라는 관점에서 검토하지 않는 것이 중요합니다. 인구 늘리기에만 매몰되면 좀처럼 아이디어도 나오지 않고 진도 나가기도 어렵습니다.

당시의 계획은 인구 증가보다는 '고령자가 살고 싶은 마을 만들기'를 하고자 했습니다."[95]

---

94) 『選択』 2008. 3月号
95) 髙田真次. 2020.12.04. 「『このまちいいね』と言ってもらえる環境づくりがカギ」自治体通信 ONLINE. (https://www.jt-tsushin.jp/articles/case/jtor_date)

다테시처럼 인구 증가와 이주 촉진을 목적으로 하지 않고 살고 싶다고 생각하는 사람을 늘리는 마을 만들기를 하는 것이 중요하다. 그렇게 하며 결과적으로 새로운 산업을 창출하고 그것을 담당하는 청년의 전입과 정주로 잇는 것이다.

고령자 이주 촉진의 최대 논점은 '고령자가 오면 의료비와 요양비 부담이 늘지 않을까'하는 점이다. 각 지자체가 처한 상황에 따라 다르겠지만 다테시는 의료비와 요양비 부담이 늘지 않아 결과적으로 부정적 의견이 자연스럽게 사라졌다.[96]

또한 행정이 민간 자원봉사조직에 권한을 부여하여 민간조직이 마케팅 등 전문가를 활용하고 추진과정을 시민에게 투명하게 공개하여,[97] 우려했던 비용 문제도 해결하며 긍정적 효과를 거뒀다.

재정 압박에 대한 우려와 더불어 청년층과 고령층을 비교하며 고령자는 활용도가 낮다는 비판도 제기된다. 그러나 청년층이 다양한 것처럼 고령층도 다양하다. 즉, 단지 연령만으로 단순히 평가할 수는 없다. 현대판 고려장이라고도 야유받기도 하는 요양 이주이지만 지역 참여 기회 확대 등을 적절히 기획하면 그런 부정적 우려를 효과적으로 해소할 수 있다.

따라서 전후세대가 후기 고령자가 된 '2025년 문제'에 대해 정확한 요양 이주 데이터와 사실에 입각하여 다양한 선택지를 제시할 필요가 있다.

---

96) 髙田真次(2020.12.04.) 앞의 글
97) 土木学会. 2006.「【第5回】高齢者はまちの宝！伊達市ウェルシーランド構想」(https://committees.jsce.or.jp/engineers/bn5)

2-6
관계인구
관계하지 않는다는 새로운 비판

이주 촉진에서 관계인구로?

2010년대 후반부터 관심이 고조되는 '관계인구' 개념은 자주 지방 이주와 함께 거론된다. 사회학자이며 관계인구 연구의 일인자 다나카 데루미는 '특정 지역에 계속 관심을 가지고 관계하려는 사람'이 관계인구라고 정의한다.[98]

이 외에도 관계인구에 대한 정의는 다양하다.

〈표 2-6-1〉 관계인구에 대한 다양한 정의

다카하시 히로시(2016)	교류인구와 정주인구 사이에 잠재된 인구
사시데 가즈마사(2016)	지역에 관여하는 인구. 마음에 드는 지역에 매주 오가거나 자주 다니지 않더라도 어떤 형태로든 그 지역을 응원하는 사람
다나카 데루미(2017)	지역에 다양하게 관여하는 사람
오다기리 도쿠미(2018)	지방권에 관심 있는 도시 주민
가와이 다카요시(2020)	지역에 관여하고자 하는 일정 정도 이상의 의욕을 갖고 지역 주민의 행복에 기여하는 존재

---

98) 田中輝美, 2021, 『関係人口の社会学 : 人口減少時代の地域再生』, 大阪大学出版会(김기홍 역, 2024, 『관계인구의 사회학 : 인구 감소 시대의 지역재생』, 한스하우스.).

다나카 데루미(2021)	특정 지역에 지속적으로 관심 갖고 관여하는 외지인
총무성(2018)	이주·정주인구도 아니고 관광으로 온 교류인구도 아닌 지역과 다양하게 관여하는 사람
국토교통성(2021)	일상 생활권이나 통근권 이외의 특정 지역과 지속적이며 다양한 형태로 관여하여 지역문제 해결에 기여하는 사람

2022년「디지털 전원도시 국가 구상」, 2023년「제3차 국토형성계획」, 2024년「식료·농업·농촌 기본법 개정법」등 최근 정부 주요 정책은 모두 지방 이주 촉진에서 관계인구 촉진으로 전환되고 있다.

핵심 국토계획「제3차 국토형성계획」에는 '이주'라는 표현이 28회, '2거점 거주'라는 표현이 18회 나온 것에 비해 '관계인구'라는 말은 55회 등장한다.

그러나 정부가 목표로 제시한 것처럼 '2032년까지 관계인구를 코로나 이전의 1.5배(2천만 명→3천만 명)로 늘린다'는 것은 너무 낙관적인 통계이고 여전히 대중적으로는 관계인구에 대한 인지도가 낮기 때문에 여러모로 우려스럽다.

지방 이주와 관계인구, 어느 쪽이 중요하다고 말하기 어렵지만 거시적 환경 변화를 파악한 후에 관계인구와 지방 이주의 관련성을 파악하는 것이 적절하다. 그렇게 하기 위해서는 목표로 하는 지역의 미래상을 중심으로 지역의 백캐스팅[99]을 해보는 것이 적절하다.

---

[99] 전략수립방법에 대해서는 枝廣淳子. 2021.『好循環のまちづくり!』. 岩波新書(윤정구·조희정 역. 2024.『로컬 전략 : 백캐스팅으로 만든 마을의 미래』. 더가능연구소.). 참조. (역주)

관계인구 촉진과 이주 촉진은 비례 관계

관계인구와 지방 이주의 관련성을 논할 때 가장 신경 쓰이는 것은 '관계인구는 지방 이주를 촉진할까?'이다.

2022년 국토교통성은 3대 도시권 외에 인구 대비 관계인구가 많은 30개 시정촌(20개 시정촌이 응답)을 대상으로 조사를 실시했다. 응답한 시정촌의 75%는 관계인구와 이주 증가는 비례한다고 응답했다.[100]

이는 각종 산업과 지역 활성화간 관련성을 제외한 선택지 가운데 가장 높은 비율이었다. 이 결과에 근거하여 국토교통성은 관계인구 확대가 이주 확대에 연결된다고 분석했다.

〈그림 2-6-1〉 관계인구 증가의 지역 효과

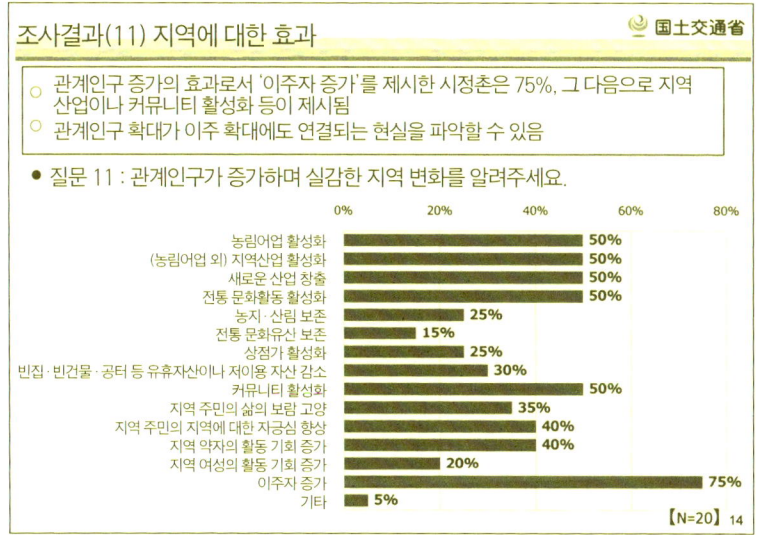

* 출처 : 국토교통성(2022)

---

100) 国土交通省. 2022. 「関係人口の創出・拡大に係るアンケート調査」(https://tinyurl.com/2xjt9374)

동일본전신전화 주식회사의 지역순환형미래연구소와 주식회사 ANA 총합연구소의 '아키타현 카즈노시(鹿角市) 관계인구 창출에 대한 '워듀케이션'[101] 공동실증조사'에 의하면 워듀케이션 프로그램에 참가하여 관계인구가 된 사람 중 70%가 이주에 대한 관심이 높아졌다고 응답했다.

주식회사 키치하이쿠가 실시한 지자체 DX 조사(84개 지자체의 85개 과가 응답)에 따르면 이주 증가 정책으로서 SNS와 인터넷, 웹회의 시스템 등을 통해 현지에 방문하지 않고 지역과 인연 맺는 '온라인 관계인구'가 존재하며, 이러한 정책을 시행하는 지자체에는 이주 상담 건수가 다른 곳보다 많은 것으로 나타났다.

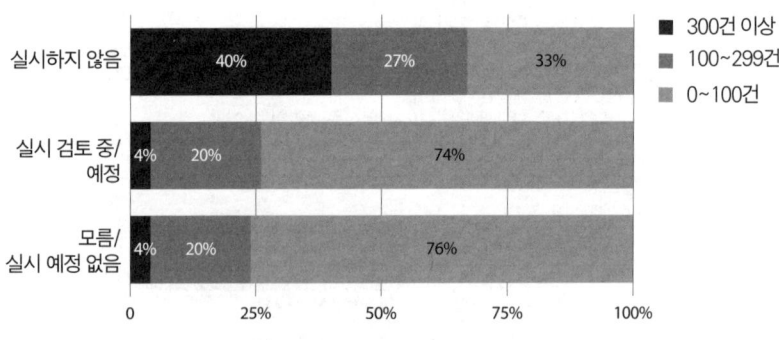

〈그림 2-6-2〉 지자체의 온라인 관계인구 정책 실시 여부에 따른 이주 상담 건수

* 출처 : 株式会社キッチハイク. 2022. 「自治体DX調査」.(https://tinyurl.com/2cdmt86d)

---

101) 워듀케이션(ワデュケ―ション)은 work(일), education(지역의 일을 배우는 교육), vacation(휴가)의 합성어이다. 워케이션의 일환으로 시행되는 정책사업의 명칭이기도 하다(地域循環型ミライ硏究所・三菱UFJリサーチ＆コンサルティング. 2024. 「関係人口創出に向けた'ワデュケーション'実証と今後の課題」. https://tinyurl.com/2agvzyqy).

관계인구=이주 희망자 이주 검토자가 아니다

단, 관계인구와 지방 이주의 관련을 생각할 때에는 몇 가지 유의할 점도 존재한다.

첫 번째는 '관계인구=이주 희망자·이주 검토자'가 아니라는 것이다. 관계인구 중 이주를 생각하는 사람은 일부다. 즉, 모든 관계인구가 이주를 생각하는 것은 아니다.

지역의 인구정책 담당자들은 "관계인구 창출을 정당화하려면 이주와 묶어서 정책을 추진한다는 것을 강조해야 한다"고 말하지만 그런 식으로 관계인구를 이주 예비군처럼 전제하면 그것만으로 관계인구에게 부담을 주는 것이다. 또한 그런 사고방식은 '이주냐 정주냐'하는 극히 제한적인 이분법적 발상일 뿐이다.

따라서 '관계인구 가운데 이주에 관심 있는 사람에 대해 검토한다'는 식으로 지원체제를 정비할 필요가 있다.

'관계하지 않는 인구'에 대한 고려의 중요성

두 번째는 '관계하지 않는 인구'의 이주·정주 가능성에 대한 고려가 필요하다. 물론 관계인구에 관한 논의가 사회적·정책적으로 급증하지만 모든 사람이 지역과 관계 맺고 싶어하는 것은 아니다. 오히려 내각부의 조사 등에서는 인간관계나 지역 커뮤니티는 지방 이주의 또 다른 걱정거

리가 된다는 걸 알 수 있다.[102]

따라서 '관계하지 않는 인구'에 대한 고려가 필요하다. 관광학 연구자 아카호 유마(赤穂雄磨)는 '관계하지 않는 인구는 지방에 이주했지만 주민이나 지역과 연대를 신경 쓰지 않는 무관심층, 무관계를 지향하는 사람'이라고 정의했다.[103]

도시에서 시골로 이동을 고집하지 않거나 이주지에서 활동이 별로 없거나 사람들에 대한 관여도가 낮은 계층이지만 이주 실현도가 높고 실현을 위한 지식의 정도도 높은 층을 의미한다.

아카호는 지자체와 지역 만들기 일꾼이 당장 필요 없는 지역에서 일부러 '관계하지 않아도 좋다'라고 느긋하게 강조하면서 관계인구 외 계층에 효과적으로 어필할 수 있다고 지적한다.

뿐만 아니라 관계하지 않는 인구는 '지역과 적극적으로 연결되는 사람'이나 '지역의 일꾼이 되는 사람' 등 과도한 설정으로 지원한 정책에서 누락되는, 또 다른 계층에 대한 지원과 격려도 필요하다는 것을 시사한다.

---

102) 内閣府. 2021. 「第4回新型コロナウイルス感染症の影響下における生活意識·行動の変化に関する調査」.

103) 赤穂雄磨. 2023. "貯蓄性向の変化で把握する「関係しない人口」の実態調査—多様な移住·定住人口の可能性—." 『日本地域政策研究』 Vol.30 : 42~50.

2-7
성지 이주
마중받는 측에서 마중하는 쪽이 되다

늘어 가는 성지와 지방 이주

전국에는 5,315개소 혹은 그 이상의 애니메이션·만화의 성지(聖地)가 존재한다.[104] 그 장소들을 관광하는 것을 성지 순례나 성지 관광이라고 말한다. 이 부분 역시 지역 활성화나 지방창생에서 중요하다. 최근에는 '콘텐츠 성지로 이주하는 것'을 '성지 이주'라고 부르기도 한다.

〈그림 2-7-1〉은 유명한 성지와 그 배경이 되는 작품을 정리한 것이다. 지자체가 유명하지 않아도 성지 이주지로서의 가능성이 높다는 것을 알 수 있다.

지방 이주 촉진을 위해 성지 이주를 권장하는 지자체도 있다. 애니메이션 「러브 라이프 선샤인!(ラブライブ!サンシャイン!)」의 무대인 시즈오카현 누마즈시(沼津市)는 희망자를 대상으로 이주 상담회를 개최했다.

작품에 등장하는 스쿨 아이돌 'Aquours' 멤버의 생일에 멤버의 본가

---

[104] 日本経済新聞社地域報道センター 編, 2022. 『データで読む地域再生「強い県・強い市町村」の秘密を探る』日本経済新聞社 : 48~49.

<그림 2-7-1> 주요 성지 이주 지역과 작품명

* 출처 : "アニメファンに広がる'聖地移住'縁なき地で作品愛を貫く覚悟と現実."
(産経新聞. 2024.01.29.)

　모델이 되는 아와지마 호텔에서 실시된 이주 상담회에는 15개팀 21명이 참가했다. 시 담당자는 "일반적인 이주에는 다양한 선택지가 있지만 (러브 라이프!) 팬은 누마즈시 이외 지역은 생각하지 않는 것이 특징"이라고 말한다.[105]

　성지 이주자가 100명인 마을이 있다고도 하고 전국에 적어도 200~300명의 성지 이주자가 있다는 말도 있다.[106] 이주자 규모를 보면

---

[105] 産経新聞. 2024.02.20. "「ラブライブ」ファンの聖地移住に静岡・沼津市が熱視線　相談会に予約殺到."

[106] 京都新聞. 2023.12.07. "聖地移住「全国に少なくとも200~300人」研究者「ガルパン」「ラブライブ」「けいおん！」など影響指摘."(https://www.kyoto-np.co.jp/articles/-/1158201#goog_rewarded).; 京都新聞. 2023.12.06. "「からかい上手の高木さん」好きすぎて、小豆島に「永住考え

미미한 수치이지만 앞으로 계속 콘텐츠는 많아질 것이므로 더욱 관심도 커질 수 밖에 없다. 물론 이런 움직임에 대한 비판도 있다.[107]

그렇다면 지자체는 성지 이주와 어떤 관계를 맺고 어떤 지원과 격려를 해야 할까.

성지 이주의 특징

애니메이션 성지 6개 시정촌의 사례를 분석한 지바 유타로(千葉郁太郎)의 연구를 참조하여 성지 이주 실태를 살펴보자.[108] 지바는 성지 이주의 두 가지 특징을 제시한다.

첫째, 대부분의 성지 이주자는 성지 지역을 계속 방문하면서 상점의 단골이 되거나 주민과 관계를 구축한다. 또한 자기 자신처럼 콘텐츠를 사랑하는, 성지 순례를 하는 다른 팬들과 연대를 형성하며, 주민과의 관계에 기반하여 이주한다. 그 과정은 이 책의 2-6장에 제시한 관계인구의 지방 이주 모델과 유사하다.

ています」聖地移住に自治体も期待." (https://www.kyoto-np.co.jp/articles/-/1158203#goog_rewarded).
107) 昼間たかし. 2024.03.16. 「アニメが好きすぎて「聖地」に移住ブーム！ でも、地方取材多い私がイマイチ賛成できないワケ」. (https://merkmal-biz.jp/post/61515).
108) 千葉郁太郎. 2023. "アニメによる地方定住人口形成の可能性－市町村における聖地移住の事例研究を通して－." 『地域活性研究』Vol.18 : 227~236.

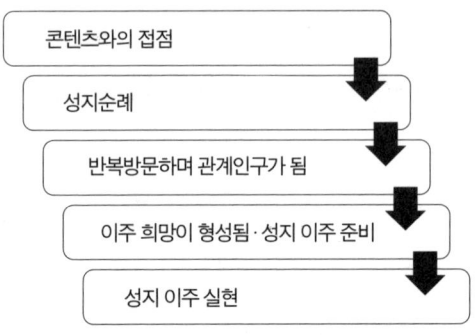

〈그림 2-7-2〉 성지 이주 과정

* 출처 : 千葉郁太郎(2023)를 재구성

성지 이주는 돌발적·충동적으로 이주하는 경우보다는 충분한 시간을 들여 이주하는 경우가 많고 그 시간 속에서 주민과 팬의 교류가 꽤 두텁게 형성되며 이주에 대한 생각도 성숙해지는 경우가 많다.

둘째, 지바의 설문조사에 의하면 성지 이주자에게는 이주하고 난 후에 '성지에서 마중받는 사람이 아닌 마중하는 사람이 되었다'고 평가하는 것으로 나타났다. 즉 모 지역의 성지 이주자는 이주지에서 식당을 개업했는데 그 장소가 팬들의 교류 장소가 되어 자신이 지역의 장점을 알리고 '마중하는 사람'이 된 것이 큰 변화라고 말했다.

성지 이주를 특별하게 여기지 않는다

지금까지 성지 이주의 특징을 알아보았지만 이런 특징은 사실 미디어 때문에 더 과하게 강조되는 측면도 있다. 즉, 지방 이주와 콘텐츠에 대한 선호를 엮어서 현대 청년들의 가치관이 전환된 것이라고 보도하는 경향이 있다.

그러나 성지 이주 현상은 최근의 일이 아니다. 1980년대 일일드라마 「북녘에서(北の国から)」나, 2000년대 아침드라마 「츄라상」 등의 작품에 몰입한 팬들도 지방에 이주했다. 물론 그때는 '성지 이주'라는 말은 없었다.

신조어에 의해 마치 요즘 새로운 현상이 나타난 것처럼 분위기를 조장하지만 완전히 새로운 현상으로만 파악하면 과거 사례를 오인하고 간과할 수 있기 때문에 주의해야 한다.

또한 성지 이주는 '우연히' 자신이 좋아하게 된, 빠져버린, 취미가 된 대상과 지역이 관련되기 때문에 이주한 것이다. 즉, "스노보드가 좋아서 눈이 많은 지역에 계속 다니다 보니 이주하고 싶어졌다", "응원하는 축구팀을 응원하러 계속 원정 다니다 보니 이주하고 싶어졌다"는 식으로 지방 이주 과정과 별반 다른 게 없는 자연스러운 현상일 수도 있다.

그러나, 앞으로도 사례가 더 많아질 수 있으므로 성지 이주 촉진을 위해 콘텐츠 유치를 늘린다는 것은 본말이 전도된 잘못된 접근이다. 성지 이주는 결과이며, 특정 콘텐츠가 어느 정도 사랑받는가, 콘텐츠에 대한 관심이 반드시 이주로 이어질 수 있는가를 예측하는 것은 불가능하다.

더불어 조심해야 할 것은 성지 이주에 대해 '애니메이션을 좋아하는 사람은 이런 것을 좋아하겠지', '이 영화를 좋아하는 사람은 이런 사람일 거야'라는 과도한 선입견과 편견으로 대응하는 것이다.

성지순례지로써 사랑받는 지역 상점 등에서 교류 네트워크를 주최하는 사람들과 연대하며 당사자의 목소리를 반영하는 특별한 이주촉진 정책을 강구하기보다는 평범한 이주자들이 좋아할 수 있는 지역으로서 이주를 지원하는 것이 훨씬 더 중요하다.

2-8
라이프스타일 이주
경제적 성공보다 삶의 질을 중시하는 이주

경제적 성공이나 출세와 다른 동기 부여

지방 이주에 사회적·정책적 관심이 주목받는 이유의 하나로 이동의 동기부여가 기존과 다르다는 지적이 있다. 전후 일본에서는 3대 도시권과 도쿄권으로 인구 집중 경향이 일관되게 이어졌다. 당시의 이동은 경제적 성공과 출세 등 주로 경제적·금전적 동기때문이라고 평가되었다.

그러나 '다운 시프터'(이 책의 2-4장)에서 설명한 것처럼 대도시권에서 그 외 지역으로의 이동은 역방향 이동으로써 수입 감소 가능성이 상대적으로 높다. 이런 현상을 설명하고자 하는 개념이 '라이프스타일 이주'다. 학술적 개념이기도 한 라이프스타일 이주는 이주 촉진 현장에서 나타나는 다양한 생존방식과 선택을 해석하는 데 도움이 된다.

라이프스타일 이주는 무엇인가

처음 이 개념을 제시한 영국의 사회학자 오릴리와 벤슨(O'Reiiy, K. and

Benson, M)은 '라이프스타일 이주는 삶의 질 향상과 자아실현을 위한 이주·이동'이라고 정의했다.[109]

라이프스타일 이주와 여가 이주, 反도시화, 별장·두 지역 거주, 어매니티 추구, 계절 이주 등도 유사한 개념이다.[110] 이들 개념은 기존의 경제적 이주 외의 다른 요인을 설명하려는 개념들이다.[111]

〈표 2-8-1〉 라이프스타일 이주의 특징

이주 동기	이주 후의 라이프스타일
● 대안적인 다른 라이프스타일 추구 ● 자아실현 기회 모색 ● 농촌다움·시골다움에 매료되어 전원회귀 ● 도시적인 문화(자본주의·소비주의) 부정 ● 관광을 계기로 이주	● 워라밸 중시 ● 질적으로 풍요로운 삶 추구 ● 경제적 제약에서 해방

* 출처 : 저자 작성

물론 지금도 예전처럼 경제적 동기로 이주하는 사람이 있으며, 다운시프트를 허용하는 사람은 많지 않다는 점을 유념할 필요가 있다.

라이프스타일 이주 연구자인 지리학자 쓰나카와 유다이(綱川雄大)는 국내 연구에서는 라이프스타일 이주자들이 경기 침체와 일 방식·일자리에 대한 위화감 때문에 삶의 보람이나 스몰 라이프를 추구하여 지방

---

109) O'Reilly, K. and Benson, M. 2009. "Lifestyle Migration : Escaping to the Good Life?." In Benson, M. and O'Reilly, K. *Lifestyle Migration*, London : Routledge : 1~13

110) Benson, M. and O'Reilly, K. 2009b. "Migration and the search for a better way of life : a critical exploration of lifestyle migration." *The Sociological Review* Vol.57 : 608~625.

111) Benson, M. and O'Reilly, K. 2016. "From lifestyle migration to lifestyle in migration : Categories, concepts and ways of thinking." *Migration Studies* Vol.4 : 20~37.

이주를 한다고 분석한다고 정리했다.[112]

라이프스타일 이주의 계기

우선, 라이프스타일 이주의 계기는 '농촌다움'과 '시골다움'에 대한 매료 때문이다. 농촌에 남겨진 오래되고 좋은 공동체 정신과 자연환경 속에서 심플하고 풍요로운 생활을 보내고자 하는 것이다.

도시적 문화 부정이라는 동기도 있다. 예를 들어 내가 인터뷰한 이들은 "동일본 대지진 때문에 도쿄의 위험성을 처절하게 깨달았다"(2010년대 전반에 지방으로 이주한 사람), "코로나 시기에 밀집도 높은 도쿄에서는 살고 싶지 않았다"(2020년대 전반에 지방으로 이주한 사람)라고 말했다. 이들은 도시를 부정하고 지방에 몸을 의탁함으로써 자신을 재정의하는 것을 목표로 하는 라이프스타일 이주 유형에 해당한다.

또한 관광과 라이프스타일 이주는 밀접한 관련이 있다. 많은 연구들이 라이프스타일 이주를 결정하기 전, 과거에 방문한 지역 경험이 큰 영향을 미친다고 분석한다.[113]

---

112) 網川雄大. 2023. "ライフスタイル移住概念を通してみる日本の人口移動研究." 『文学研究論集』 Vol.58 : 57~72.

113) O'Reilly, K. and Benson, M. (2009)

라이프스타일 이주와 일

라이프스타일 이주는 경제적 성공이나 출세와 다른 동기부여에 입각한다. 라이프스타일 이주자는 어떤 직업과 일자리 방식을 선택할까.

환경학과 지리학 연구자 이시카와 나오(石川菜央)는 라이프스타일 이주자의 일을 세 종류로 구분한다.[114]

첫째, 이주 전의 수입원과 관계를 유지하는 것이다. 이주지에서 이주 전부터 근무하는 회사로 출근하고, 도시권의 거래처와 온라인으로 연락하며 이주 전의 상태를 유지하는 것이다. 이직 없는 이주와 원격근무/재택근무 이주가 여기에 해당한다(이 책의 2-10장 참조).

둘째, 무언가 특수한 재능을 갖고 이주하여 그 장점을 살려 워라밸을 유지하는 것이다. 이들은 일반적인 기준과 다른 가치관으로 지방에 진입하는 존재로서 마을 만들기 사업에서도 기대하는 인재들이다. 넓은 의미의 예술가와 크리에이터 등이 여기에 해당한다.

유럽에는 창의적 인재가 도시에 사는 것에 비해 일본에서는 그런 사람들이 농산촌, 중산간 지역 등 조건이 불리한 지역에 산다. 그들은 지역에 관여하고 지역 혁신을 주도하는 창의적 인재로서 그들이 거주하는 지역에서 지방창생의 움직임이 형성되고 있다.[115] 그러나, 이런 능력자에

---

114) 石川菜央. 2018. "ライフスタイル移住の観点から見た日本の田園回帰."『広島大学総合博物館研究報告』Vol.10 : 1~11.

115) 小田切徳美・藤山浩・伊藤洋志・小野寛明・高木千歩. 2016.『日本のクリエイティブ・クラス』. 農文協.; 野田邦弘. 2013.「徳島県神山町―クリエイティブ人材を誘致する驚異の「創造的過疎」の地域づくり―」.「アートが地域を創造する」『アートがひらく地域のこれから』. 2020. ミネルヴァ書房.

대한 과도한 기대는 그들에게 큰 부담이 될 수 있으므로 주의해야 한다.

셋째, 이주지에 대응하는 일을 하는 것이다. 이주 창업(이 책의 2-1장 참조), 현지 회사에 취직 등이 이 유형에 해당한다. 미국 라이프스타일 이주자를 연구한 인류학자 호이(Hoey)는 라이프스타일 이주자들은 소속된 회사에서 자신을 낮게 평가하거나 자기를 희생시켜 회사에 충성을 다하면 마지막에 그 보답으로 행복해진다고 생각하는 '아메리칸 드림'의 사고가 과거의 향수처럼 남아 있는데 이들이 이런 생각을 하게 된 것은 경제 위기와 세계 정세에 대한 불안 때문이라고 분석했다.[116] 약 20년 전 연구지만 2020년대 일본의 라이프스타일 이주에도 해당하는 지적이다.

이러한 변화에 대해 가족과 지역사회로 대표되는 사회의 유동화, 신자유주의와 노동시장의 불안정화, 경제의 글로벌화 등 지방 농산촌에 국한되지 않는 일본과 세계의 변화를 연결해 생각해 볼 필요가 있다.

라이프스타일 이주뿐만 아니라 이주 형태와 이주 현상을 파악할 때는 개인의 미시적인 동기와 거시적인 동향을 함께 고려해야 한다. 이 두 가지 원인이 교차되는 지점에서 이주의 현실이 좀 더 분명히 나타나기 때문이다.

---

116) Hoey, B. 2005. "From Pi to Pie : Moral Narratives of Noneconomic Migration and Starting Over in the Postindustrial Midwest." *Journal of contemporary ethnography* 34(5) : 586~624.

2-9
루럴·젠트리피케이션
지방 이주 증가 때문에 생기는 문제

지방 이주 증가 때문에 생기는 문제

일반적으로 지방 이주 증가는 좋은 일이고 계속 추진해야 한다고 말하곤 한다. 그러나 학술적으로는 지방 이주자 급증이나 이주 촉진 정책에 대한 우려도 많이 제기된다. 이주자와 지역 주민의 갈등과 충돌이 그 대표적 사례다(이 책의 3-9장 참조).

이 장에서는 개인 간 문제가 아니라 지역 차원에서 이주자 급증이 야기한 '루럴·젠트리피케이션' 문제를 살펴본다.

루럴·젠트리피케이션은 무엇인가

젠트리피케이션은 50여 년 전 영국 사회학자 글래스(Glass, R)가 제시한 개념으로써, 런던 도심 저소득층 지역인 이너티브의 노동자 계급 거주지에 중간계급이 들어와 주택 가격이 폭등하여 원주민이 밀려나 지역의 성질이 변한 현상을 의미한다.[117] 이는 대부분의 도시에서 보편적으로 나타나는 현상으로서 도시의 대표적인 사회문제이기도 하다.

루럴·젠트리피케이션은 원래 도시권에서 일어나던 젠트리피케이션이 지방 농촌에서 일어나는 것을 의미한다. 주로 도시의 중간층 이상의 사람들이 농촌에 이주하여 농촌사회구조가 변하며 주택 부족과 원주민의 지역 유출이 나타나는 현상이다.

루럴·젠트리피케이션은 왜 발생하는가

〈그림 2-9-1〉 루럴·젠트리피케이션의 발생구조를 도식화한 것이다. 주요 요인은 부동산 가치와 임대료 상승으로 살기 적당한 주택 부족, 각종 서비스 감소나 폐지, 지역 주민의 주거 장점 저하, 이주자의 새로운 소비습관의 정착에 따른 변화, 소유권 박탈과 지역 주민의 쉼터 실종 등을 들 수 있다.[118]

루럴·젠트리피케이션에 대해 '이주자가 늘어 지역의 사회계층도 수준이 높아지니 좋은 것이다'는 의견도 있다. 확실히 상대적으로 부유한 계층이 이주하면서 그들의 구매력과 높은 수준이 주택이나 주변 환경을

---

117) Glass, R. 1964. *London : Aspects of Change.* MacGibbon and Kee : London, UK. : 30.
118) Phillips, M., & Smith, D. P. 2018a. "Comparative approaches to gentrification : Lessons from the rural." *Dialogues in Human Geography* 8(1) : 3–25. ; Phillips, M., & Smith, D. P. 2018b. "Comparative ruralism and 'opening new windows' on gentrification." *Dialogues in Human Geography* 8(1) : 51-58. ; Smith, D. P., & Phillips, D. A. 2001. "Socio-cultural representations of greentrified Pennine rurality." *Journal of Rural Studies* 17(4) : 457-469.

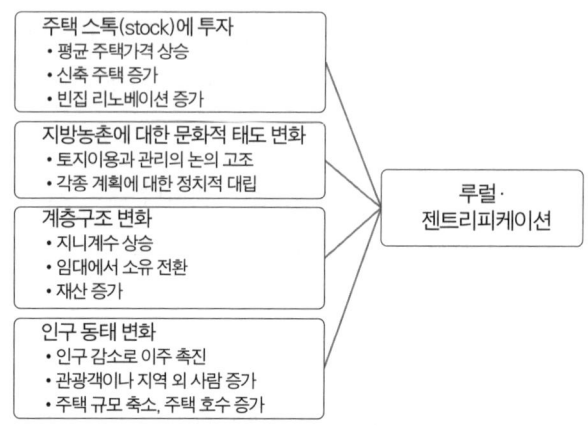

〈그림 2-9-1〉 루럴·젠트리피케이션 구조

* 출처 : Peter B. Nelson, Alexander Oberg, Lise Nelson, 2010. "Rural gentrification and linked migration in the United States." *Journal Studies* 26(4) : 343~352.를 재구성

아름답게 만드는 경향이 있다. 행정 서비스 향상과 높은 수준의 상업 서비스 기능이 활성화되기도 한다.

그러나 모든 이동에는 명암이 존재한다.[119] 루럴·젠트리피케이션의 가장 큰 문제는 그로 인해 발생하는 이익을 누리는 이주민과 누리지 못하는 지역 주민 간에 격차가 존재한다는 것이다.

'지역 주민에게 불이익이 생긴다면 과도한 이주 촉진을 위한 개발을 그만하면 된다'는 의견도 있지만 현실은 그렇게 간단하지 않다. 특히 건

---

[119] Zollet Simona, Qu Meng, 2023. *Urban-to-rural lifestyle migrants in peripheral Japanese island communities : Balancing quality of life expectations with reality, Rural quality of life*(1st ed.). Manchester : Manchester University Press : 74~93.

설·개발·부동산·주택 부문의 사업자와 금융기관 등이 루럴·젠트리피케이션을 조장하며 보다 부유한 이주자에게 농촌의 부동산과 라이프스타일을 전략적으로 홍보한다.[120]

지금은 인구·이주자를 늘리고 싶다는 행정 정책이 루럴·젠트리피케이션을 가속시키는 지역도 있다. 지방 이주가 상품화(이 책의 2-10장 참조)되는 속에 소비적 욕구와 정책적 욕구가 결탁하여 막을 수 없는 상징적 현상으로 루럴·젠트리피케이션이 형성되기도 한다.

일본에서도 루럴·젠트리피케이션 발생, 위험 증가

루럴·젠트리피케이션에 관한 연구와 보도는 영국과 미국 등에서 주로 진행되었을 뿐 일본에서는 아직 활발한 논의가 없다. 그러나 불과 최근 10년 동안 유명 관광지에서 오버투어리즘[121] 문제가 사회문제로 대두되었고 코로나 감염 확대를 계기로 교외로의 이주와 이직 없는 이주가 주목받는 것처럼 루럴·젠트리피케이션 또한 언젠가는 사회문제가 될 것이다.

내 고향이기도 한 나가노현의 하쿠바촌(白馬村) 그리고 가루이자와

---

120) Smith, D. P. 2022. "Rural gatekeepers and 'greentrified' Pennine rurality : Opening and closing the access gates." *Social & Cultural Geography* 3(4) : 447-463. ; Smith, D. P., & Higley, R. 2012. "Circuits of education, rural gentrification, and family migration from the global city." *Journal of Rural Studies* 28(1) : 49-55.

121) 오버투어리즘(overtourism)은 특정 지역에 수용 가능한 범위 이상의 관광객이 몰려 지역 주민의 삶과 환경에 부정적인 영향을 미치는 현상을 의미한다. (역주)

(軽井沢) 지역은 이주와 관광 모든 면에서 인기가 높지만 국내외 자본 재개발로 땅값이 폭등하여 지역 주민의 주거난이 심화되고 U턴하고 싶어도 살 집이 없는 문제에 봉착했다.

    루럴·젠트리피케이션에 의해 지역 경제구조가 크게 변하여 통상적인 값으로는 식사하기도 어려운 비싼 식당이 늘고 그만큼 지역 밀착형 상점의 경영이 어려운 사례도 늘었다.

    부유한 이주자와 관광객의 편의성만 과도하게 추구한 결과, 지역다운 거리 풍경이나 개성 있는 상점이 사라지는 폐해를 막아야 한다. 일시적으로 인구 늘리기만 추구하고 건물만 신축할 것이 아니라 장기적인 관점에서 지역이 본래 가져야 할 자세를 성찰하며 그 가운데 루럴·젠트리피케이션에 대해서도 진지하게 고려할 필요가 있다.

2-10
이직 없는 이주
가능한 사람과 불가능한 사람 사이의 격차

이직 없는 이주란 무엇인가

코로나 이후 급속하게 관심이 고조된 이주 형태의 하나가 이직 없는 이주다. 이 형태는 원격근무/재택근무라고 부르며, 지방에 이주해도 기존의 직장과 일을 유지하는 생활방식을 의미한다.

이직 없는 이주는 코로나로 인해 보급된 원격근무/재택근무와 밀접하게 관련 있다. 이를 더욱 가속 시킨 것이 2022년 정부의 디지털전원도시국가구상이다.[122]

디지털전원도시국가구상은 새로운 자본주의 실현에 대응하는 국가의 성장전략으로써 지방에 디지털 사회를 구현하는 것이다. 이를 통해 도농 격차를 줄이고 지방을 활성화하며 세계로 연결하고자 한다.

---

[122] 2024년 11월, 기시다 정권에서 이시바 정권으로 바뀌며 '디지털전원도시국가구상 교부금'이라는 명칭은 '지방경제·생활환경 창생 교부금'으로 변경되었다. 그에 따라 디지털전원도시국가구상은 일단 종료해도 이직 없는 이주 촉진은 계속될 전망이다. 이 장에서는 정부 정책에 이직 없는 이주가 등장했는지 이해하기 위해서 디지털전원도시국가구상에 관한 설명을 남긴다.

디지털전원도시국가구상은 무엇을 촉진했는가

디지털전원도시국가구상에서 이직 없는 이주는 디지털을 활용하여 지방의 사회문제 해결을 위해 사람의 흐름을 만드는 정책사업으로 추진되었다. 일종의 지방 이주·정주 촉진정책이다.

구체적으로는 위성사무실 정비, 기업의 원격근무/재택근무 지원, 지역부흥협력대원의 창업과 사업승계 지원, 이주 관련 정보 제공 확대, 기업의 지방 이전 등을 추진한다.

또한 2019년 시작된 지방창생 이주지원사업은 코로나를 거쳐 2021년부터 이주지 요건에 새롭게 원격근무/재택근무를 추가했다. 이에 따라 이주지에서 이주 전의 업무를 이어가는 경우도 요건을 충족하면 소정의 이주 지원금을 받을 수 있다.

이직 없는 이주 촉진으로 효과를 기대할 수 있는 부분은 과도한 도쿄권 일극 집중[123]의 시정이다. 지방창생에서 달성하지 못한 도쿄권 일극 집중의 시정은 디지털전원도시국가구상 이후에도 제일 큰 숙제다.

그렇기 때문에 정부의 종합전략문서에 '도쿄내 23구 거주·통근자가 지방으로 이주하여 창업, 취업, 기존의 일을 유지하며 원격근무/재택근무를 하는 이직 없는 이주 등을 할 경우에 지방공공단체가 이주 지원금과 창업 지원금을 주는 제도를 계속 지원하며 지역 미래를 담당할 인재를 확보하기 위해 지방에서 육아를 희망하는 청년의 이주를 한층 장려한

---

123) 도쿄권 일극 집중은 수도권 인구 집중 현상을 의미한다. (역주)

〈그림 2-10-1〉 지역별 취업자의 원격근무/재택근무 실시율

* 출처 : 内閣府, 2023.04.19, 「第6回 新型コロナウイルス感染症の影響下における生活意識・行動の変化に関する調査」, (https://tinyurl.com/24p7ms4t)를 재구성

다'라는 문구도 등장했다.[124]

실제 지역별 취업자의 원격근무/재택근무 실시율을 보면 도쿄 23구와 지방권과 격차는 2배 이상에 이른다.

---

124) 内閣官房, 2022, 「デジタル田園都市国家構想総合戦略」, (https://tinyurl.com/2yfnf4ef)

이직 없는 이주 촉진과 세대 수입

이처럼 이직 없는 이주는 지방 이주 추진 및 도쿄 일극집중 문제 해소를 위해 추진되었다. 특히 원격근무/재택근무 실시율이 높고 지방권 거주자보다 이동하기 쉬운 도쿄의 23구 거주자의 이주를 지원하는 것이다.

이 말은 광범위하게 이주 희망자의 이주를 실현하려는 정책이 아니라 이주하기 쉽고 도쿄권 일극집중 해소에 공헌하는 일부 이주자 지원에 집중한다는 의미다. 물론 그 안에는 수많은 지원사업과 지원금이 포함되어 있다.

이직 없는 이주는 업종이나 사회계층 면에서 이주하기 쉽고, 지원이 없더라도 이주할 수 있는 가능성이 높은 계층의 이주를 장려하는 구조다. 이직 없는 이주를 실현할 가능성이 높은 계층의 실태를 분석하면 이러한 특징이 더 분명하게 드러난다.

첫째, 원격근무/재택근무와 업종의 관련성을 보자. 국토교통성의 전국 600개 기업 조사에 의하면 업종별 원격근무/재택근무 도입 비율은 정보·통신업 72.1%, 금융업·보험업 53.8%, 학술연구·전문기술 서비스업 59.4%, 건설업은 20.0%, 숙박업·음식서비스업 15.4%로 나타났다.[125] 이처럼 업종에 따라 이직 없는 이주의 실현 가능성은 크게 다르고 아무리 정책적으로 촉진해도 실현이 어려운 계층도 있다는 것을 알 수 있다.

둘째, 원격근무/재택근무와 수입의 관련성이다. 국토교통성 조사에

---

[125] 国土交通省. 2022. 「「新たな旅のスタイル」に関する実態調査報告書」.(https://tinyurl.com/2ylclwrl)

따르면 연수입이 높을수록 원격근무/재택근무 실현율도 높다.[126] 2022년 민간급여 실태조사를 보면 기업 규모별 평균 급여는 대기업일수록 당연히 평균 급여가 높다.[127] 즉 이직 없는 이주 촉진은 연수입이 높은 층과 기업 규모가 크고 평균 급여가 높은 층의 이동을 촉진하는 경향이 있다.

지방 이주의 관심과 세대 수입의 관련성에 대해서는 보다 상세한 조사결과도 있다. 야마나시현의 '지방 이주에 관심과 세대 연수입의 관련성 조사'에 의하면 '지방에서도 원격근무/재택근무하며 도시처럼 똑같이 일할 수 있다고 느꼈다'라고 응답한 비율은 연수입과 밀접한 관계가 있다.[128] 세대 연수입 2백만 엔 미만 13.3%인 반면, 천만 엔 이상은 47.9%로 3배 이상 차이가 났다.

또한 지방 이주에 관심 있지만 실행하지 않는 이유와 걱정거리에 대해 이주자금 부족을 이유로 드는 비율도 세대 연 수입 2백만 미만 18.7%, 2백만 엔 이상 4백만 미만은 20.7%인 반면, 천만 엔 이상은 7.9%로 나타났다.

이상의 내용을 정리하면 다음과 같이 정리할 수 있다.

① 원격근무/재택근무에 의한 이직 없는 이주 여부는 업종이 크게 좌우한다.

② 연수입이 높고, 기업 규모가 크고 평균 급여가 높은 층일수록 이

---

126) 国土交通省. 2024. 「令和5年度テレワーク人口実態調査―調査結果―」. (https://tinyurl.com/22mflc3c)

127) 国税庁. 2023. 「令和4年分 民間給与実態統計調査」(https://tinyurl.com/2c8fawp6)

128 須田康裕ら. 2016. 「山梨県の移住・ワーケーション政策に関する調査」. 東京大学公共政策大学院. (https://tinyurl.com/28cete3n, https://tinyurl.com/2ab4ahns).

직 없는 이주가 쉽다.

③ 세대 연수입이 높을수록 원격근무/재택근무로 지방에서도 똑같이 일할 수 있다고 느낀다.

④ 세대 연수입이 높은 층은 지방 이주를 할 때 상대적으로 경제적 벽은 느끼지 못한다.

〈표 2-10-1〉 지방 이주에 관심이 있는 사람 또는 이주자 중 원격근무를 이유로 제시한 응답자 비율과 세대 연수입

세대 연수입	응답자 수(명)	원격근무로 지방에서도 똑같이 일할 수 있기 때문에(%)
200만 엔 미만	520	13.3
200만 엔 이상 400만 엔 미만	317	17.4
400만 엔 이상 600만 엔 미만	230	24.3
600만 엔 이상 800만 엔 미만	115	30.4
800만 엔 이상 1,000만 엔 미만	68	29.4
1,000만 엔 이상	71	47.9

* 출처 : https://tinyurl.com/2ab4ahns

효율적인 이주 촉진이 초래하는 격차 확대

이처럼 이직 없는 이주는 도쿄 거주자의 이주를 효율적으로 촉진하는 정책이다. 이주 하기 쉬운 사람의 이주를 다양한 인센티브와 함께 촉진하고 있는 것이다.

한편, 공정성 관점에서 이직 없는 이주 촉진은 도쿄 23구 거주자로서

근무하는 기업이 안정적인 계층, 일하는 장소, 일하는 방식의 자유도가 높은 화이트칼라의 이동성을 확대하는 정책으로써 이주 기회나 지원 격차를 정책적으로 확대하는 측면도 있다.

일부 이주자를 이상적으로 상정하여 중점적으로 지원하여 그 외의 사람들은 소외감이나 불평등한 인식을 가질 수 있다. 아울러 '이직 없는 이주 가능층'을 확보하려는 지자체들의 쟁탈전도 전개된다.

보다 공정하고 지속가능한 관점에서 이주 촉진 지원을 한다고 보기에는 여전히 많은 문제점이 있는 것이다.

2-11
이주 매칭
기술 혁신으로 등장한 새로운 프로모션

이주 매칭 서비스 확산

2020년대부터 이주 매칭이라고 불리는 사고방식과 서비스가 확대되었다. 이주 매칭은 이주 희망자와 검토자 등 이주 관심층과 이주자의 수용·유치를 원하는 지자체와 기업을 매칭 하는 서비스 전반을 가리키는 개념이다.

여전히 이주자와 지자체, 기업을 매칭 하는 아이디어가 존재하지만 최근 관심을 모으는 것은 디지털 기술이나 AI 기술을 활용한 온라인 이주 매칭이다. 이 서비스는 이주 후에 자신에게 적합한 일과 이주지를 제시하는 것 외에 메시지와 영상통화로 이주 상담, 프로필 설정, 스카우트, AI 진단이라는 기능 등으로 진화하고 있다.

이주 매칭 실태와 등장 배경

〈표 2-11-1〉은 주요 이주 매칭 서비스다(2024년 여름 기준). 민간기업 서비스가 대부분이지만 일부 지자체도 독자적인 서비스와 앱을 만든다.

〈표 2-11-1〉 주요 이주 매칭 서비스

서비스	시행회사	개요
SMOUT[129]	㈜카약[130]	(지자체, 사업자, 개인 등) 지역 주체가 지역에 관심이 있는 사람을 모집하며 직접 스카우트 할 수 있는 '스카우트'형 매칭 서비스
LOCAL MATCH[131]	㈜LIFULL[132]	이주 희망자와 지자체·지역 기업을 매칭 할 뿐만 아니라 이벤트·체험 스테이·이주 상담 등 사전에 관계 만들기 프로그램도 제시하는 이주 전문 플랫폼
피타마치 (ピタマチ)[133]	㈜TOPPAN[134]	'조건'뿐만 아니라 '삶, 생활?' 매칭을 목표로 '당신에게 딱 맞는 지역 찾기'를 지원하는 서비스
타비스무 (たびすむ)[135]	㈜BeA	잠재적 이주 니즈를 가진 사람부터 진짜 이주를 검토하는 사람까지 폭넓은 잠재적 이주 고객에게 최적의 이주지 제공과 정보제공을 하는 지역응원 정보 미디어
유쿠유쿠 (ゆくゆく)	㈜유코유코[136]	지역 일자리를 통해 이주 첫걸음을 응원하는 서비스

* 출처 : 저자 작성

---

129) https://smout.jp/ (역주)

130) https://www.kayac.com/ (역주)

131) https://local.lifull.jp/localmatch/jobs (역주)

132) https://lifull.com/ (역주)

133) https://pitamachi.com/ (역주)

134) https://www.toppan.com/ (역주)

135) https://tabisumu.jp/ (역주)

136) https://www.yukoyuko.co.jp/ (역주)

가장 먼저 시작된 서비스는 스마우토(SMOUT)다. 2018년 서비스 시작 당시, 이용자 대부분은 비교적 미혼 청년이었다. 그러나 2020년 코로나로 원격근무/재택근무가 도입되면서 30대 후반에서 40대 이용자도 늘어 2020~2021년 사이에 2배 이상 이용자가 증가했다.[137]

스마우토의 기획자 야마모토 사오리(山本早織)는 서비스 기획 계기와 의도에 대해서 다음과 같이 말한다.

"2014년 즈음부터 구글 검색량이나 국토교통성의 관심 등 사회적으로 이주에 대한 관심이 높아졌다. 우리 회사의 사원도 이주자가 있어서 그 영향력을 실감했다.
기존의 결혼 매칭 서비스가 '사람과 사람을 연결'하듯이 이주 서비스도 같은 방식으로 제공하면 재미있겠다고 생각하여 서비스를 시작했다."[138]

이처럼 이주 매칭 서비스의 등장 전에 결혼 매칭 서비스가 이미 존재했고, 지방창생 후 각종 조사와 통계를 통해 이주에 대한 높은 관심이 가시화된 점, 그리고 코로나 위기를 기점으로 이용자 수와 연령대의 폭이 넓어졌다는 것을 알 수 있다.

그리고 이들 이주 매칭 서비스들은 이주뿐만 아니라 관계인구 창출

---

[137] 井上知大. "地方移住をマッチング サイト運営者が考える利用者に求められること." (毎日新聞 2023.05.04., https://tinyurl.com/2227sru7)

[138] 井上知大(2023.05.04.)

도 추구한다는 점이 또다른 특징이다.

매칭이라는 아이디어와 관련 서비스의 장단점

이제까지 당연하게 사용했지만 과연 '매칭'은 무엇을 의미할까? 거슬러 올라가면 어원은 경제학의 '매칭 이론'이다. 서로 다른 두 개의 그룹 사이를 중개하는 장치에 대한 이론이다.

예를 들어 노동자와 기업, 학생과 학교, 장기 이식에서 환자와 공여자 등 다양한 그룹을 상정한다.[139] 즉 사람과 사람, 사람과 물건·서비스를 적재적소에서 골라 연결하는 방법을 궁리하는 것을 매칭이라고 말한다.

IT 및 알고리즘을 이용한 이주 매칭은 방대한 빅데이터와 이용자의 응답결과를 매칭하여 이주지, 라이프스타일, 워크스타일을 제안하는 이주 상담도 진행한다. 그리고 몰랐던 지역을 알게되어 이주지로 고려할 수 있고, 조사하기 힘든 지역, 그 지역의 지원 정보, 일자리 정보 등도 알 수 있다. 이런 점에서 알고리즘적인 이주 매칭은 대면 이주 상담이 못하던 서비스까지 제공하며 광범위한 이주 지원 서비스를 제공한다(〈그림 2-11-1〉).

---

139) 高宮浩司, 2016. "マッチング理論とその背景." 『経済論集』 Vol.102 : 63~78.

〈그림 2-11-1〉 주요 이주 매칭 서비스의 웹사이트

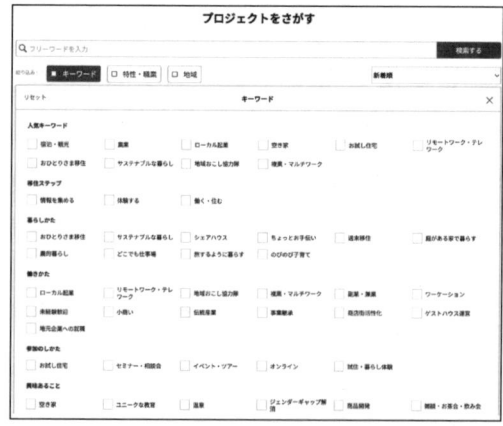

* 출처 : https://pitamachi.com/, https://tabisumu.jp/ai_diagnosis, https://local.lifull.jp/localmatch/jobs

민간의 이주 매칭 서비스뿐만 아니라 지자체의 자체적인 이주 매칭 서비스 개발, 혹은 위탁 서비스도 제공되는 상황에서 몇 가지 유념할 부분이 있다.

첫째, 책임 문제다. 매칭 성립을 좌우하는 요인이 모두 개방되어 있지 않다. 어떤 경로로 지역과 이주 희망자가 매칭되는지, 어떤 요소가 결정적이었는지 하는 부분은 아무도 모르는 블랙박스가 될 경향이 있다. 그 결과, 매칭 서비스를 통해 이주했을 때, 지역 현실이 매칭 결과와 다를 위험도 나타난다. 이런 경우에 누가 책임져야 할까, AI나 빅데이터 활용한 매칭에는 어떤 위험요소가 있을까에 대한 사전 고려가 필요하다.

둘째, 매칭 서비스는 우연성을 배제한다. 대부분의 서비스들이 이용자가 몇 개의 조건을 선택하면 곧바로 최적의 답을 제시한다. 정보를 총망라하고 그 안에서 단시간 내에 합리적이고 최적의 답을 제시하는 것처럼 보인다. 그리고 선택지 중에 항목을 선택하는 과정에서 한정된 정보에만 접근할 수 밖에 없기 때문에 의외의 지역과 우연히 만나기는 어렵다고 말한다.

그러나 이주 희망자에 대한 프로모션은 반드시 이성적·합리적으로 접근해야 성공한다고는 보기 어려운 측면이 있다. 그런 측면에서 지금까지 몰랐던 지역과 매칭되는 이용자가 있는 한편 알고리즘에서 벗어나 우연적이고 우발적으로 지역과 연결될 가능성이 낮다는 점을 유념할 필요가 있다.

셋째, 매칭 서비스의 우위성은 요금제, 즉 예산 규모에 따라 서비스의 질이 다르다. 대부분의 서비스는 민간 사업자가 운영하기 때문에 수익성이 중요하다. 그러나 이주 희망자나 이주 검토자라는 개인은 그다지 많은 돈을 쓰고 싶지 않기 때문에 주로 지자체 서비스를 선호한다.

따라서 유료 매칭 결과와 무료 매칭 결과가 차별적으로 나타난다. 결과적으로 이주 촉진을 위한 예산을 많이 쓰는 지자체일수록 경쟁 우위가 있는 부익부 빈익빈 상태가 된다.

IT를 활용한 매칭에 사용되는 최신 기술은 반드시 관계되는 사람 모두를 이해시킬 수는 없다. 이주촉진정책을 도입할 때는 매칭 장치와 흐름, 알고리즘에 대해 가능한 한 이해를 깊게 함과 동시에 디지털 매칭+a의 대면 상담과 현지 견학 제공을 복합적으로 설치하는 것이 중요하다.

또한 이주 매칭 관련 서비스를 제공하는 사업자는 특히 공적인 정책에 관여할 때에는 전술한 것처럼 리스크를 어떻게 낮출까, 어떻게 공정성과 기회 평등을 담보할까라는 점을 검토하는 것이 앞으로의 포인트가 될 것 같다.

2-12
지방 이주의 상품화
이주의 소비화는 무엇을 야기하는가

지방 이주를 둘러싼 정책적 시선과 소비적 시선

정부와 지자체가 정책으로 지방 이주를 추진하는 것처럼 민간 기업이나 단체도 비즈니스로써 이주 촉진에 참여해왔다.

농학자 다치카와 마사시(立川雅司)는 농촌에 대한 사람들의 시선과 미디어에 표현되는 농촌의 모습을 사상가 미셸 푸코(Paul-Michel Foucault), 사회학자 존 어리(John Urry)의 개념을 차용하여 '시선(まなざし)'이라 부른다.[140] 그리고 도시와 소비자의 농촌에 대한 시선과 표상을 소비적 시선, 행정의 정책적 활성화의 대상으로서 농촌에 대한 시선을 정책적 시선이라 이름 붙였다.

이 두 개의 시선, 즉 소비적 시선은 농촌 공간의 상품화, 나아가 농촌 공간 구석구석의 상품화에 작동하고 정책적 시선은 상품화된 평가에 의해 정책의 정당성을 확보하려고 한다.

---

140) 立川雅司. 2005. "ポスト生産主義への移行と農村に対する「まなざし」の変容." (日本村落研究学会. 2005. 『【年報】村落社会研究41 消費される農村ポスト生産主義下の「新たな農村問題」』. 農山漁村文化協会: 7~40).

지방 이주도 마찬가지다. 정부와 지자체의 정책 촉진 대상으로써 지방 이주에 대한 시선을 정책적 시선, 대도시의 신문·잡지사와 웹미디어, 이주 희망자 등 도시와 소비자의 지방 이주에 대한 시선과 표상을 소비적 시선으로 부르기로 하자.

이 두 개의 시선도 농촌 공간에 대한 시선처럼 소비적 시선은 지방 이주의 상품화를 야기하고 정책적 시선은 민간기업의 이주 순위 등 상품화된 평가에 따라 정책 정당성을 확보하고 있다.

잡지 부동산회사가 담당하는 미디어 역할

지방 이주의 상품화는 요즘 시작된 것이 아니라 오랜 역사를 가진 움직임이다. 지방 이주에 대한 소비적 시선은 1980년대 출판사와 부동산 회사들에 의해 형성되었다.

1982년 시골살이를 제목으로 한 이시이 신지(石井愼二)의 『멋진 시골살이』가 출판되었고, 1987년 이시이가 편집장으로 있는 출판사에서 『시골 살이 책』이라는 잡지가 창간되었다.

그로부터 약 40년이 지난 지금 『TURNS』와 『소토코토』, 『다거점(複住) 스타일』 등의 이주 전문 잡지가 계속 발간되고 있다. 잡지는 이처럼 지방 이주의 상품화를 견인한다.

같은 시기에 등장한 것이 지방의 빈집을 중개하는 부동산 사업자다. 전국의 고민가(옛주택)와 빈집 정보를 게재한 회보를 발행하는 부동산 사

〈사진 2-12-1〉『멋진 시골살이』와 『시골살이 책』

* 출처 : https://tkj.jp/inaka/202407/

업자와 각종 매체에 시골살이 전문가로 등장하여 논평하는 부동산 사업자가 이 시기에 등장했다.

    잡지 매체와 부동산 사업자의 공통점은 지방의 빈집 물건 정보를 정기적으로 제공하는 미디어 역할을 한다는 것이다. 지금은 지자체의 빈집 뱅크나 각종 물건 정보 사이트가 주된 플랫폼이지만 인터넷 등장 전까지는 이들 민간사업자가 빈집을 알선하며 지방 이주에 대한 인프라의 일부를 담당했다.

    1990년대가 되면 버블 경제와 취직·이직 시장 활성화 분위기에 편승하여 취직·이직 소개 사업자가 지방 이주 산업에 참여한다. 가장 상징적인 것은 종합인재 파견 서비스사업을 전개한 리쿠루트사가 1988년 창간한 잡지 『B-ing』인데, 후에 『U턴 I턴 B-ing』이라고 이름을 바꿔 1994년부터 2004년까지 발행했다.

〈사진 2-12-2〉
『U턴 I턴 B-ing』 2004년 겨울호

* 출처 : https://tinyurl.com/yppjuunw

이 잡지에는 특히 지방 기업의 구인 광고, 지자체의 광고 등이 광고기사처럼 수익화(monetization)되었다. 대표적인 것이 (기존 광고모델에 더하여 혁신적 광고로 평가된) 도쿄·오사카 등에서 지자체나 지방 기업과 취직 희망자를 매칭하는 이벤트다. 지금은 너무나 당연한 접근방식이지만 당시에는 매우 신선한 기획으로 평가되었다.

또한 지자체의 이주상담 창구 정보와 이주촉진정책(잡지에서는 U턴 우대책이라고 불렀다)을 상시적으로 목록을 게재한 것도 당시에는 드문 접근방식이었다.

지방창생으로 가속화된 비즈니스 기회

2000년대부터 인터넷 보급과 스마트폰, SNS 상용화에 따라 지방 이주는 순식간에 상품화되었다. 2014년 지방창생정책 등장 이후에는 정부와 지자체 예산을 활용한 사업 기획자가 많이 등장하여 '지방 이주는 돈이 된다'며 기업들이 대거 참여하는 현상이 발생했다.

주식회사 카약이 운영하는 웹미디어 스마우토(SMOUT)이주연구소는 정기적으로 지역을 주제로 한 서비스와 미디어를 발표하는데 수많은 기업들이 참여함을 알 수 있다.

〈그림 2-12-1〉 지역을 주제로 한 서비스 및 미디어 맵(2022년)

* 출처 : https://lab.smout.jp/map2022

이 맵에는 이주 관련 서비스만 30개 이상이다. 앱에 소개되지 않았지만 최근 대부분의 지자체가 도입하기 시작한 것이 빅데이터와 AI를 이용한 지방 이주 매칭 서비스다(이 책의 2-11장 참조).

〈그림 2-12-2〉 AI 이주 상담과 이주 매칭서비스

* 출처 : https://ijyu.chat.metajob.jp/, https://pitamachi.com

지방 이주 상품화의 확대 및 다양화

이처럼 지방 이주 상품화 역사는 지방 이주가 사회적·정책적으로 널리 받아들여지며 관심대상이 된 역사를 말한다. 그러나 공정하고 지속가능한 이주 촉진 관점에서 보면 지방 이주의 상품화가 반드시 장점만 있는 것은 아니다.

잡지 사례를 예로 보자.

지방 이주에 대한 소비적 시선과 정책적 시선은 어느 시기에나 모종의 협력관계를 유지해왔다. 지자체들은 과소화, 인구 감소, 인재 부족을 이유로 이주 촉진을 가속 확대하고 동시에 다양한 사회적 요인을 가진 사람들의 지방 이주와 이주정책에 대한 소비적 시선도 고조된다.

그 결과, 잡지는 이주 지원금, 상담창구, 빈집 정보, 이상적 이주 스타일을 거론하며 기사화한다. 이런 잡지에 지자체들이 정보를 제공하고 광고를 게재하며 그 정보를 보고 이주 희망자는 지자체에 연락하고 상담회에 참여하기도 한다.

결과적으로 지자체는 이주자 획득 경쟁에서 승리하기 위해 광고를 하고 그만큼 잡지도 수익을 얻는 구조가 형성된다. 이렇게 소비적 시선과 정책적 시선의 협력관계가 성립하여 지방 이주의 상품화가 더욱 공고해진다. 즉, 지방 이주는 이러한 다양한 영역에서 행정과 민간의 협력관계가 맺어지며 성립된 것이다.

그러나 그 이면에 폐해도 발생한다.

첫째, 민간 사업자와 연대한 이주 촉진은 민간 사업자의 플랫폼과 서비스를 활용하기 때문에 비용을 지불해야 한다. 즉, 예산 여유가 있는 지자체, 재정 경쟁력이 높은 지자체일수록 유리하다.

둘째, 민간 사업자와 연대하여 행정에서 시도하기 어려운 획기적인 사업을 추진할 수 있지만 그만큼 이주촉진정책에 대한 일부 민간 사업자의 목소리가 너무 커져 버리는 위험도 있다. 즉, 소비적 시선만 너무 의식하다 보면 본질적으로 중요한 이주 희망자의 수요를 소홀히 할 수도 있다.

최근에는 기존 광고 게재, 이벤트 개최, 투어 실시 외에 온라인 매칭 서비스와 AI 이주 상담 도입 등을 민간 사업자와 하는 경우도 늘고 있다. 이들 지자체는 새로운 정책을 달성하고 만족감을 얻지만 그만큼의 효과를 정확히 측정하여 정책에 반영하는 일은 드물다는 게 문제다.

한정된 예산을 이주 촉진의 아웃소싱을 위해 어느 정도 써야 하는지, 일부 민간 사업자의 목소리가 너무 큰 것은 아닌지, 제반 사업이 정책 목적 달성에 기여했는지, 정책과 결과의 화려함에 현혹된 것은 아닌지 등을 정확히 그리고 정기적으로 확인하는 것이 중요하다.

제3부

공정하고 지속가능한 이주 촉진을 위한 접근법

3-1
과도한 지자체간 경쟁에서 탈피

지자체간 이주자 획득 경쟁 확산

이 책의 몇 개의 글에서 언급한 것처럼 이주촉진정책의 가장 큰 문제 중 하나는 지자체 간 과도한 경쟁이다.[141] 물론 모든 경쟁이 문제라는 의미는 아니다. 적절한 경쟁은 보다 좋은 정책과 풍요로운 지역 실현으로 이어진다.

주민과 기업이 마음에 드는 공공재와 서비스를 발견하여 지역으로 이동하고 지자체 간 경쟁 관계가 형성되어 행정 효율화가 이루어져 주민 만족도가 향상되고 자발적 참여가 일어나는 선순환도 발생할 수 있다.[142]

그러나 지자체 간 이주자 획득 경쟁이 문제인 것은 사회 전체의 인구 감소 환경에서 한정된 인구 총량 속의 제로섬 게임이 되기 때문이다. 인구 상황은 정량적으로 가시화하기 쉬워서 과도하게 비교되기도 한다.

가장 큰 문제는 정부의 하향식 관리와 유도 방식 때문에 경쟁이 격화된다는 점이다. 지방분권 이후 지자체의 주체적·자율적 이주 촉진이 이

---

141) 이 장은 "加速する自治体の移住者獲得競争を脱するために : 移住促進の実態から解決への糸口を探る."(KAYAKURA, https://kayakura.me/iju-kyoso/)을 재수정한 것이다.
142) 坂村裕輔. 2021. "テレワークが拡大する「足による投票」の可能性について." (https://www.yafo.or.jp/2021/10/29/15206/)

루어지고 있지만 2014년 지방창생 이후부터는 지방분권원칙에 역행하는 정책이 많이 발표되는 것, 그것이 문제다.

60% 이상 단체장이 이주자 획득 경쟁을 걱정

2023년 NHK는 전국의 단체장을 대상으로 조사를 실시했다. 그 결과 79.0%의 지자체가 지자체 간 경쟁이 심해지고 있다고 느끼는 것으로 나타났다.[143]

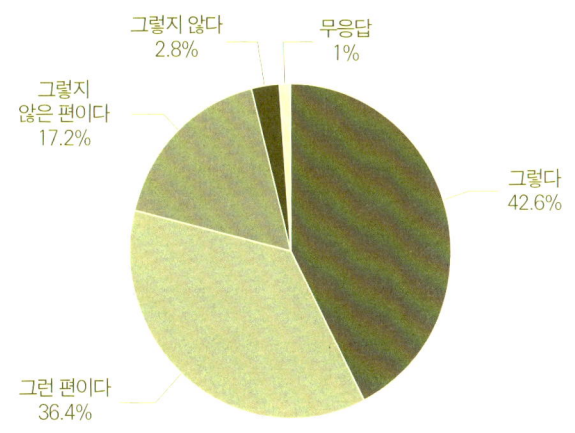

〈그림 3-1-1〉 '지자체간 경쟁이 심해지고 있는가'에 대한 단체장의 응답

* 출처: https://www.nhk.or.jp/politics/articles/feature/97561.html

---

143) NHK政治マガジン, 2023.04.03, 「人口獲得大競争私たちが自治体を"選ぶ時代"に?」(https://tinyurl.com/25vuj5r2);"全国首長アンケート注目の記述回答自治体間競争"(https://tinyurl.com/2a9llaxg)

구체적으로 어떤 경쟁이 심해졌는지를 묻는 질문에 대한 주관식 응답에서는 고향납세, 육아, 인구, 이주, 정주 순으로 표현이 많았고, 이를 '이주'로 묶어서 산출하면 375회 이주라는 표현이 등장했다.

이주정책에 대한 조사도 살펴보자. 잡지『니케이 글로벌』이 2023년 전국 광역시도지사와 815개 기초단체장을 대상으로 실시한 조사결과 60% 이상이 이주자 획득 경쟁을 걱정한다고 답했다.[144]

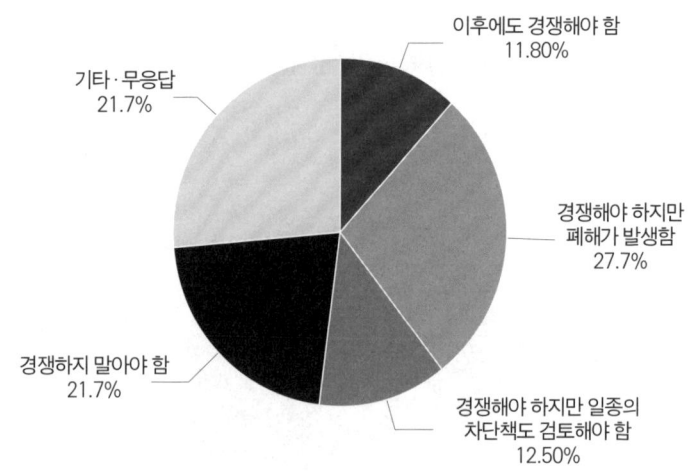

〈그림 3-1-2〉 이주자의 획득경쟁에 대한 단체장의 평가

* 출처 : https://www.nekkei.com/articleDGXZQCC26AIZ0W3A221C2000000/

---

144) "全国首長調査㊤ 人口減少の実情と対策 移住者の獲得 '6割が過熱懸念'"(日経グローカル 475号, 2024.01.01, https://www.nikkei.co.jp/rim/glweb/backno/no475.html)

구체적으로는 다음과 같은 의견이 제시되었다.

"교부금 전쟁 같은 불필요한 소모전이 심화되고 있다."
"사람과 세금(고향납세)을 뺏는 쟁탈전이 격화되고 있다... 한정된 파이를 빼앗는 구조 속에서 지자체들은 피폐해지고 있다."
"원래 경쟁할 사안이 아닌데 경쟁할 수밖에 없다"

많은 지역이 이주 촉진 경쟁이 있다고 느끼는 것이다. 조사에서 또 하나 눈여겨볼 점은 육아세대 집중 지원 등 대부분 정책 내용이나 대상이 유사하다는 것이다.

문제는 경쟁 심화와 지자체의 주체성이 삭제된 구조

과도한 지자체 간 이주자 획득 경쟁은 정부가 이주정책 내용과 평가 기준을 대략적으로 설정·유도하여 경쟁 발판을 제공하고 지자체의 이주 촉진에 대한 영향을 강화하며 심화된다.

구체적으로는 정부의 종합전략처럼 '지방판 종합전략' 수립, 지방창생 관계 교부금, KPI같은 양적 지표 등 관리 시스템을 통해 중앙집권적 성격의 이주 촉진이 전개되는 것이다.[145] 즉, 지자체 간 자유로운 경쟁이

---
145) 伊藤将人, 2024. "自治体による地方移住政策の現状と 三つの課題."(『月刊自治研』1月号 : 26~34)

아니라 정부와 상위집단이 정한 승부 기준만으로 측정하는 제도화된 경쟁이 생기고 있는 것이다.

그 결과, 지자체는 "이주촉진정책을 하지 않으면 '지는 편'이 될지 모른다", "이주촉진정책에 힘을 쏟으면 정부가 보조금을 늘려줄지도 모른다"라는 위기감과 피폐감, 딜레마를 안고 이주 촉진을 전개하며 과도한 경쟁에 휩쓸리게 되는 것이다.[146]

원래대로라면 지자체 간 경쟁은 보다 다양하고 창조적인 정책으로 이어질 수 있지만 지자체의 주체성이 없어지고 천편일률적 이주 촉진이 전개되는 상황이다. 이런 현실에서는 설령 지자체 간 경쟁이 옳다고 하는 입장이더라도 그 경쟁이 건전하다고는 말할 수 없을 것이다.

권역 전체의 활력에 대한 악영향

또한 현 상태는 지자체 간의 경제력·재정력의 차이와 상호 관련성도 감안하지 않는다. 이에 따라 중복 투자, 정책효과의 상쇄, 경제사회 활동의 크림스키밍[147] 등이 발생하여 각 지자체뿐만 아니라 권역 전체의 활

---

[146] 가장 큰 폐단 사례로는 2019년 위장 이주 상담회 문제를 들 수 있다. 도내에서 개최된 이주 상담회에서 일부 참가자에게 현금을 지불한 사건이 발생한 것이다. 상담회 운영을 담당한 기업이 구인 사이트 운영 기업이나 인력 파견 기업에 인력을 발주했고, 기업 관계자가 현금 지급을 인정했으며, 참가자가 위장 실태를 증언했다. 아울러 약 500개 현과 기초자치단체가 주최하는 상담회에서 위장 참가자가 확인되었다(東京新聞, 2020, https://www.tokyo-np.co.jp/article/48227).

[147] cream skimming, 원유에서 맛있는 크림만을 골라 먹는 것처럼 기업이 이익을 창출할 것으로 보이는 시장에만 선택적으로 상품과 서비스를 제공하고 수익이 낮은 상품은 제공하지 않는 것. (역주)

력을 빼앗아 버린다.[148]

이는 인구감소사회에서 지자체 간 공동창조 가능성을 박탈하는 것이다.[149]

보다 공정하고 지속가능한 이주 촉진을 재검토할 때에는 지자체가 시행하는 현재의 이주촉진정책이 이러한 전제와 문제 속에서 진행된다는 것을 유념해야 한다. 그리고 지자체 단독으로 해결할 수 없는 문제에 대해서는 지자체가 연대하여 정부에 대한 방침과 관리 시스템 개선을 요구하는 것도 중요하다.

---

148) 공공성이 높은 분야에서 수익성 높은 서비스나 지역 등만 선별하여 다른 것을 버리고 미화하는 것을 의미한다.
149) 牧瀨稔. 2023. "時事テーマから斬る自治体経営「自治体間競争（都市間競争）」の注意点." (事業構想オンライン. https://tinyurl.com/2cdo7qt8)

3-2
유익하고 우수한 이주자라는 발상 탈피

지자체들의 유익하고 우수한 이주자 획득 경쟁

과도한 이주자 획득 경쟁은 이주자를 지나치게 이상화하는 폐해도 낳고 있다. 달리 말하면 지자체들은 유익한 이주자, 우수한 이주자 획득 경쟁을 한다.[150]

이주자의 경력, 직업, 전문성, 워크 스타일, 라이프스타일, 가치관 등은 다양하다. 그러나 지금의 정부와 지자체의 이주촉진정책은 특정 이주자의 이미지, 이주 희망자의 이미지를 과도하게 이상화시켜 유치와 지원을 집중하고 그 이외의 사람에 대해서는 소홀히 하거나 배제하는 경향이 있다.

'이주 지원 신슈스자카(信州須坂)모델' 이주 촉진으로 알려진 나가노 스자카시 이주 담당자는 다음과 같이 지적한다.

"내가 상담하는 이주 희망자가 창업이나 원격근무하기 위해 이주하는 경우는 드물어요. 우리 시가 개최하는 이주 상담회에 오는 대부분의 이

---

[150] 이 글은 伊藤将人. 2024. "自治体による地方移住政策の現状と三つの課題." (『月刊自治研』 1월호 : 26~34)를 재구성한 것이다.

주 희망자는 평범한 도시의 직장인이거나 이직 경험도 있어요. 특별한 자격을 가진 사람은 극히 일부에 불과하죠. 대부분의 상담자는 이주 후에도 평범한 회사에 이직하여 평범한 삶을 살고 싶어 해요…
정부와 지자체의 이주 지원책은 창업 지원, 원격근무/재택근무, 워케이션 등 미디어가 소개하는 보기 좋은 사업만 하려고 하지요.
그러나 실제 이주 희망자에 다가가는 정책이 아니면 실패할 가능성이 높아요. 결코 이주로 연결되지 않아요. 결국 이주 희망자의 수요에 부응하지 못하는 지원사업으로 예산만 낭비하는 것이지요."[151]

지역 활성화에 기여하는 이주자에 대한 기대

일본 이주정책은 역사적으로 지방의 인구 감소, 인력 부족, 지역 활성화를 담당할 이주자를 이상화시켜왔다.

농학자 요시카와 미치히로(吉川光洋)는 농림수산성이 매해 발행하는 「식료·농업·농촌백서(농업백서)」를 분석하며 이주자는 단순히 노동하는 존재가 아니라 창업가/기업가 정신을 발휘하고 새로운 발상을 살려 지역사회를 자극하는 귀중한 인적자원으로 평가하는 경향이 형성되고 있다고 말했다.[152]

---

151) 加藤広明, 2023.02.07. "移住 カッコよさより普通こそ."(日本経済新聞)
152) 吉川光洋, 2011. "農村地域への移住者の増加と歴史的変遷：UJIターンの概念の発生と政策的対応." 『地域協働：地域協働研究所年報』 Vol.7 : 1~26.

사회학자 하타야마 나오코(畑山直子)는 이주정주촉진사업의 역사 분석에서 2012년을 기점으로 이주자 유입을 통해 지역의 존속을 기대하는 지자체가 급증했고, 지자체의 중요과제인 과소화 문제와 지역 진흥 과제 속에서 이주자 유입이 지역의 존속을 좌우하기에 이르렀다고 분석했다. 그 결과, 이주 관련 사업이 지역 존속의 위기 구제 방법이 되고 있다고 밝히고 있다.[153]

2000년대 중반 인구 감소 사회로 돌입하면서부터 한계집락(한계마을) 문제 등이 부상하며 기존의 기업 유치형 지역정책이 시대에 맞지 않는다는 판단하에 사람을 유치하여 지역 활성화 및 지방창생에 공헌하는 인재로 이주자를 키우자는 인식이 고조되었다. 2009년 시작된 지역부흥협력대제도는 그 대표적 사례다(이 책의 1-6장 참조).

그 결과, 창업가적인 이주자, 지역 활성화 사업의 리더가 될 이주자, 정부나 대기업과 강한 연결이 있는 이주자, 언제 어디서라도 일할 수 있는 일자리 방식을 실천하는 이주자, 창조력이 크게 필요한 예술계 이주자 등에 대한 기대가 높아졌고 그들에 대한 적극적 지원이 늘었다.

디지털 전원도시 국가구상 이후로는 기업과 지역의 DX 추진을 담당할 디지털 인재 유치까지 확대되는 상황이다. 이러한 이상적 이주자에 대한 과도한 유치와 지원은 행정의 이주자 지원에서 공정성을 해치는 것만 아니라 지역 주민과 다른 이주자와의 사이의 불공정 격차 심화로 갈

---

153) 須藤直子. 2014. "UIターンをめぐる移住・定住促進事業の変容 : '移住者'獲得競争の時代." 『ソシオロジカル・ペーパーズ』Vol.23 : 47~63.

등을 유발할 수 있다.[154]

대부분의 이주자는 평범한 삶을 원한다

스자카시 담당자의 지적처럼 이상적인 이주 희망자는 거의 없다. 대부분의 이주자는 평범한 삶을 원하고 지역 활성화에 대한 강한 지향보다 스스로나 가족의 생활 향상이나 수입 유지 혹은 증가, 그리고 자연 속에서의 풍요로운 삶을 원한다.

앞으로는 일부 특수한 이주자를 이상화하여 과도하고 집중적으로 지원·유치하는 것이 아니라 평범한 이주 희망자의 이주 기회를 이상적인 이주자와 동등하게 확보하며 공평성을 중시한 공정한 이주 촉진을 실시해야 한다.

지자체의 정책이 공정하게 사람들의 기회를 담보하려고 노력한다면 지역 주민의 이주 촉진에 대한 이해 향상에도 도움 될 것이다.

또한 이상적인 이주자 유치경쟁에서 탈피하는 것은 한정된 파이를 뺏으려는 양적 경쟁에서 탈피하고 독자성과 지속가능한 이주 촉진 확립으로도 이어질 것이다.

---

154) 나는 효고현 도요오카시의 연극 마을 만들기와 관련한 이주촉진정책에서 연극이나 예술을 통한 지역 활성화에 관한 이주자에 대한 정책적 지원을 분석한 바 있다. 이 사업에 대해 주민들은 "우리를 경멸하고 있다", "다같이 지역 활성화에 참여했는데 왜 우리만 차별하는가"라는 반응으로 갈등이 심화된 적이 있다(伊藤将人. 2023. "地方自治体における文化政策と移住促進の関連性についての一考察 : 兵庫県豊岡市における「演劇のまちづくり」を事例として." 『地域活性化研究』Vol.18 : 169~178).

3-3
'양'과 '질'의 이분법 탈피

이주 촉진을 둘러싼 양과 질의 이분법이라는 발상

이주촉진정책에서 이주자 수라는 '양' 중심의 경쟁과 이상적 이주자라는 '질' 중심의 경쟁이 심화되고 있다. 이주자를 둘러싼 양과 질의 이분법이라는 발상은 언뜻 보면 당연한 것 같지만 공정하고 지속가능한 이주 촉진을 위해서는 큰 걸림돌이다.[155]

이주 촉진에서 양적 지향은 이주자 수, 이주 희망자 수, 이주 상담자 등 사람 수, 인구, 각종 조사·통계, KPI 등 양적 지표를 중시하여 이들의 양적 확대나 목표 달성을 목표로 한다.

반면, 질적 지향은 이주자의 능력, 주위에 대한 영향력 차이 등을 전제로 한다. 이주자를 지역에 도움 되는/도움 되지 않는, 공헌하는/공헌하지 않는 혁신가 혹은 창업가적 소질이 있는/없는 이라는 잣대로 질적으로 평가하여 질 높은 이주자를 늘리려는 방침이나 정책을 의미한다.

---

155) 이 글은 伊藤将人. 2024. "自治体による地方移住政策の現状と三つの課題."(『月刊自治研』1월호 : 26~34)의 일부를 재수정한 것이다.

이주자에게 미치는 중압감

이주촉진정책에서 양과 질의 이분법적 발상은 왜 문제일까. 이주 촉진 성과를 너무 양이나 수치로 환산하려고 하면 지역부흥협력대제도에서도 최근 논의되듯, 불일치 증가나 이주 희망자·이주 상담자에 대한 대응 소홀 문제가 발생하기 쉽다.

한편, 이주 촉진 성과를 너무 질적으로 환산하려고 하면 특정의 이상적 이주자에 대한 지원 집중(이 책의 3-2장 참조)과 그에 동반하는 불공평한 배제나 선별 문제가 발생할 수 있다.

최근의 지방창생이나 EBPM(Evidence Based Policy Making, 데이터 기반 정책 수립) 추진에 따라 KPI 관리방법이 정책 현장에 본격적으로 도입되고 양적으로 환산할 수 있는 성과를 중요시하는 분위기가 확산되고 있다. 한편에서는 양적 확대 자체가 하나의 지표가 되는 현상을 비판하며 질이 중요하다는 주장도 제기된다.

그러나 질을 중시하게 되면 이주자에게 과도한 중압감을 느끼게 할 수 있다. 농학자 사토 마유미(佐藤真弓)는 간사이 지방의 대도시에서 주고쿠 지방으로, 수도권에서 도후쿠 지방으로 정부 지원으로 이주한 이주자로부터 다음과 같은 말을 들었다고 한다.[156]

---

156) 佐藤真弓. 2023. "移住者：パッケージ化される農村移住."(渡邊悟史·芦田裕介·北島義和 編. 2023.『オルタナティブ地域社会学入門：「不気味なもの」から地域活性化を問い直す』. ナカニシヤ出版).

"이상적인 이주자가 되려고 해요."
"모범적인 이주자가 되려고 합니다."

모두가 하나의 주민이며 생활자여서 결코 특별한 존재가 아닌데도 불구하고 이주자들 중에는 기대나 시선에서 중압감을 느끼는 사람이 있는 것이다.

이주자의 정의와 요건의 수정이 필요하다

이주 촉진을 둘러싼 이분법적 구분의 한계를 극복하기 위해서는 지자체마다 '이주자'의 정의나 지원 대상 요건을 수정할 필요가 있다. 각종 정의나 요건은 무의식으로 이주자를 부당하게 선별하거나 대책 없이 이상화하는 편견을 내포하고 있기 때문이다. 따라서 지역이 처한 현실과 정중한 질문으로 구성한 설문조사를 기초로 정의나 요건을 설정하거나 수정해야 한다.

예를 들어 이런 방식이 가능하다.

* I턴 정의, U턴의 정의를 재구성한다. 결혼, 취직, 이직으로 전입한 사람을 이주자가 아니라고 정했다면 그 이유를 재검토한다. 특히 지역 목표나 방침에 이주자에 대한 정의가 부합되는지 검토한다.
* 이주자와 전입자를 따로 측정하는지 여부를 검토한다. 통계적 데이터

가 현실과 맞는지 검토한다.

* 독신자보다 육아 세대를 더 많이 지원한다면 그런 정책이 과연 정당한 것인지 재검토한다. 남성 또는 여성, 가족상을 너무 일반화하는 것은 아닌지 검토한다.

* 이상적 이주자 상이 상정하는 인재상은 정말 이주자밖에 없는지, 지역에서 그런 인재를 만드는 것은 불가능한지 조사한다. 지역에는 눈에 띄는 이주자 외에 침묵의 다수(silent majority)인 이주자도 있다. 또한 적극적으로 표현하지 않지만 도움을 청하면 재능을 발휘할 수 있는 주민도 있다.

소소한 일이지만 이런 정의나 요건의 재검토, 재편성의 축적 즉 이주 촉진을 둘러싼 전제를 재검토하는 PDCA사이클[157]을 돌리는 것은 공정한 이주 촉진 실현을 위해 반드시 필요하다.

인재로 이용하는 것이 아니라 자기실현의 가능성을 넓히다

이주 촉진에서 '당연'이나 '전제'를 되묻는 것은 양과 질의 이분법 문제를 극복하는 데 매우 유용하다. 단, 그런 되물음이 널리 합의되지 못하는 일도 왕왕 발생할 수 있다.

---

157) 계획(Plan), 실행(Do), 점검(Check), 개선(Act)의 네 단계로 구성된 반복적 관리 방법론. (역주)

그럴 때에는 현재 정책 담당자에게 개방적으로 의견을 알리거나 이제까지 해온 것 이상의 적극적인 상담체제 정비 등을 통해 이주촉진정책 대상을 확대·확장할 필요가 있다.

결국, 이주 촉진을 둘러싼 양과 질의 이분법을 극복하려면 정책 대상자인 해당 지역에 이주를 바라는 사람이나 이주 후에 정주단계의 사람들 그리고 함께 사는 지역 주민의 목소리를 어느 정도 수집하고 얼마나 다가갔는가가 핵심이다.

지역 개발이나 발전을 최고로 생각하는 개인을 인재로 이용하고 수단화하는 정책은 바람직하지 못하다. 오히려 개인의 자기실현 가능성을 넓혀 (이주자를 포함한) 지역 주민의 삶의 만족도나 행복도가 높아지는 정책체계가 절실하다.

3-4
인구 중심 KPI에서 가치관 변화를 묻는 KPI로

KPI의 특징과 장점

현대의 정책에서 수치는 매우 중요하다. 정부의 주요정책도 다양한 수치 목표를 KPI로 설정하여 목표 달성을 위한 PDCA 사이클을 돌리며 계획한다.[158]

제2차 아베정권은 기업경영분야의 성과지표 관리시스템을 차용하여 KPI 중심 목표관리방식을 도입했다.[159] 지방창생정책에도 KPI 설정이나 PDCA 사이클을 적용한다.[160]

KPI의 장점은 정책의 진보나 성과, 실적, 목표의 달성상황을 간소하고 객관적으로 파악하여 정책 입안에 유용하다는 것이다. 또한 정기적이고 계속적으로 측정할 수 있는 지표를 설정함으로써 데이터 수집 비용을 낮출 수 있고 지속적인 검증도 가능하다.

정부가 지방창생 관련 교부금 사업에서 KPI를 설정할 때 요구하는

---

158) 福井一喜. 2022. 『「無理しない」観光：価値と多様性の再発見』. ミネルヴァ書房.
159) 川上哲. 2017. "変貌する国家・自治体、そして都政の行方."（安達智則・石橋映二・川上哲 編. 2017. 『二つの自治体戦略 地方創生と国家戦略特区、そして小池都政』. 東京自治問題研究所）
160) 萩行さとみ・大澤義明. 2021. "平成の30年で交付金はどのように進化したのか：地方創生関係交付金とふるさと創生交付金との比較." 『都市計画論文集』 56(1)：1~13.

3개 항목은 ① 객관적 성과를 나타내는 지표일 것, ② 사업과 직접성 있는 효과를 나타내는 지표일 것, ③ 타당한 수준의 목표가 설정되어 있을 것 등이다.

KPI 거버넌스가 천편일률적인 이주촉진정책이나 지자체 경쟁의 발단

그러나 KPI를 잘못 설정하면 다양한 형태로 악영향이 나타난다. 지리학자 후쿠이 가즈키(福井一喜)는 관광정책부문의 KPI와 수치목표의 국가전략을 분석하여 지방창생과 KPI의 관련성을 평가했다.[161]

국가 차원에서 관료가 숫자를 고집하는 것은 당연하다. 지역의 일원이 아닌 관료가 개혁 성과를 주도하기 때문에 그리고 담당 중앙부처에 예산을 요구할 때 관료의 존재감을 드러내기 위해서도 숫자는 필요하다.

지역들은 관료나 정치가를 이해시키기 위해 KPI 수치목표 종류, 달성방식, 결과 평가 등을 방대한 문서로 작성하여 관료에게 제출한다. 관료는 그 수치목표의 달성 가능성이나 문서 분량으로 지역 사업의 가치를 평가한다.

그런 과정 속에서 지역의 자조협력이나 자주·자율을 요구하는 지방창생과 그 안에서 확대된 이주촉진정책은 지역 현실을 알지 못하는 관

---

161) 福井一喜(2022) 앞의 책.

료를 설득하기 위해 오히려 숫자로 지역을 속박하는 상황에 빠져버린다. 이미 각종 조사에서도 지자체들은 "KPI 설정이나 PDCA 운영이 부담스럽다"고 말한다.[162]

이주 촉진 관련 KPI

그러면 닌자의 칼과 같은 KPI를 어떻게 설정해야 공정하고 지속가능한 이주 촉진을 실천할 수 있을까. 정부의 이주 촉진 관련 KPI를 보면서 생각해 보자.

〈표 3-4-1〉은 지방창생추진사무국이 제시한 지방창생 사업 분야별 KPI 설정 예시다. '지방에 대한 사람의 흐름'을 중심으로 다른 분야도 포함하여 널리 이주 관련 KPI를 발췌하면 다음과 같다.

사업의 아웃풋(결과)
* 지역 이주자 수
* 지역 정주인구 수(전출입 수)

사업의 아웃컴(기대 결과)
* 이주자 수

---

162) 坂本誠, 2018, "地方創生政策が浮き彫りにした国-地方関係の現狀と課題:「地方版総合戦略」の策定に関する市町村悉皆アンケート調査の結果をふまえて." 『自治総研通卷』Vol.474 : 76~100.

＊ 상담 사업을 경험한 이주자 수

통합적 아웃컴

＊ 상담 사업 참가자 수

＊ 지역 인구, 세대 수

＊ 지역 전입자 수

〈표 3-4-1〉 지방창생추진사무국의 KPI 설정 예시

구분	사업 예	사업의 아웃풋 개별사업의 활동량	사업의 아웃컴 개별사업의 직접적 효과	통합적 아웃컴 제사업·시책의 전체 효과
		예	예	예
로컬 이노베 이션	• 정보시스템 도입 (ICT, IoT 등 도입 추진)	• IT 설비 도입 수, 설비 투자액	• 노동생산성을 xx배 이상 달성한 기업 수	• 지역 창업자 수, • 지역 신규 고용 자 수 • 지역 기업 매출
	• 민간노하우 활용(연대 협정, 인재 교류)	• 프로패셔널 • 인재매칭 건수	• 본사업으로 이어 진 건수 • 육성인재 수	
농림 수산	• 지역자원 활용/ 재주목	• 기업·프로젝트 매출 • 육성인재 수	• 이주자 수(대표 적 KPI)	• 지역 농림수산업 취업자 수 • 지역 농림수산 출하액
	• 6차산업화 지원사업	• 세미나·연구회 등 이벤트 참가자 수	• 지원사업을 통해 개발·생산된 상품의 매출·출하액	
관광 진흥	• 지역 브랜드화 (지역 매력을 살린 소비·서비스 개발)	• 특산품·여행상품 개발 수	• 숙박자 수 • 관광객 수	• 지역 관광 관련 산업 매출 • 숙박자 수 • 당일치기 관광객 수 증가에 따른 소 비 증가액
	• 지역 간 연대(광 역 연대에 의한 정 보제공력 향상과 다양한 니즈 개발)	• 특산품·여행상품 개발 수	• 전동자전거 주말 이용 건수	

지방에 대한 사람의 흐름	• 이주 상담 사업	• 지역 이주자 수	• 상담사업을 거친 이주자 수	• 상담사업 참가자 수
	• 인턴십 사업	• 지역 취직율	• 인턴십 참가자의 지역 취직율	• 관련 이벤트 참가 학생 수
마을 만들기	• 작은 거점 등 생활거점 정비사업	• 지역 정주인구 수 (전출입 수)	• 작은 거점에서 점포 등 이용자 수· 매출	• 지역 운영조직의 형성 수
	• 민간노하우 활용(연대협정, 인재교류)	• 이용자 수(시설· 설비 이용자 수, 이벤트 등의 참가자 수, 등)	• 관광객 수 • 육성인재 수	• 지역의 인구· 세대 수 • 지역 전출입자 수

*출처 : 내각부(2021)

　예시한 KPI는 이주·정주 혹은 전출입, 상담한 규모를 KPI로 설정하는 점이 공통점이다. 실제로 정부의 교부금을 받기 위해 대부분의 지자체들은 이주 촉진 KPI로 상담자 수를 제시한다.

　상담자 수 증가가 의미 없는 것은 아니지만 상담자 수는 조작 가능성이 높고 상담자 수 증가=이주자 수 증가는 아니라는 점을 유의해야 한다(이 책의 1-2장 참조).

　예를 들어 코로나 시기에 지자체의 이주 상담 규모 격차는 매우 커졌다. 그런데 온라인 상담체제를 성실히 갖춘 지자체의 상담자 수는 늘었고, 이벤트 등 대면상담을 일시적으로 중지한 지자체는 상담자 수가 줄었다.

　즉, 상담자 수만 보고 '이 지역이 코로나로 인기다!'라고 판단하는 것은 정확하지 않다. 다만, 상담 기회 확대나 선택지 다양화에 따라 전략적·단기적으로 증가시킬 수 있기 때문에 상담자 수는 KPI로 인기가 있는 것이다.

인구 사람 수 중심 KPI에서 주관적 행복이나 만족감을 묻는 KPI로

공정하고 지속가능한 이주 촉진을 실현하기 위해 제안하고 싶은 것은 '인구·사람 수 중심 KPI'에서 '주관적 행복이나 만족감을 묻는 KPI'로 전환할 필요가 있다는 것이다.

현재의 KPI는 이주 후 개인이나 지역 변화를 파악할 수 없고 '이주해주면 좋고, 전입해주면 좋다'는 단기적 결과가 되기 쉬운 KPI다. 따라서 이주까지 과정이 아니라 이주 후 변화를 KPI로 설정하는 것이 더 효과적이다.

반드시 모든 이주자가 정주나 영구거주를 바라고 이주하는 것은 아니지만 이주자가 그 지역에서 살면서 내면이 긍정적으로 변하고 지역 주민에게도 직·간접적인 긍정적 효과가 나타나는지 측정하자는 것이다. 그렇게 하면 이주 후에 '정주하고 싶다, 계속 살고 싶다'고 생각한 사람의 희망을 실현할 수 있는 체제나 지원을 정비할 수 있다.

〈표 3-4-2〉는 새로운 이주 촉진 관련 KPI 안이다. 물론 지금의 KPI를 한꺼번에 바꾸는 것은 어렵기 때문에 독자적으로 한두 개라도 적용해보는 것이 중요하다.

〈표 3-4-2〉 새로운 이주 촉진 KPI(안)

이주자 대상 KPI (지속적인 파악 필요)	• 이주 후의 행복도(Well Being)
	• 이주 지역에서 삶의 만족도
	• 정주 의향을 가진 사람의 정주 의향 정도
	• 이주지원정책이나 상담체계에 대한 만족도
	• 이주 전이나 이주시 불안과 걱정 해소도
지역 대상 KPI	• 이주정책이 지역에 좋은 영향을 준다는 실감도

*출처 : 저자 작성

최근에는 지자체들이 주민들에게 라인(LINE)이나 SNS를 통해 정보를 제공하는 사례가 늘기 때문에 그런 시스템을 새롭게 활용하여 이주 후의 실태 파악도 가능하다.

또한 전입할 때 조사를 하는 경우, 그 항목을 수정하는 것도 필요하다. 도도부현에서 파악하고 싶은 항목뿐 아니라 지자체의 독자적인 정책에 대한 평가나 이주 후에도 계속 연락할 수 있는 연락처를 물어도 좋을 것이다.

3-5
이주 순위와 적당한 거리감을 두며 교류

이주 순위란 무엇인가

대부분의 지자체가 이주 촉진을 실시하며 비교가능한 상황이 된 결과, 2000년대 말부터 다양한 이주 순위가 발표되었다. 이주 순위는 이주자 수, 이주상담자 수, 이주촉진정책, 이주할 때 중요하다고 생각되는 지표 등을 기초로 지방별 순위를 매기는 것이다.

이런 순위는 이주 검토자나 이주 희망자가 방대한 선택지 가운데 자신에게 맞는 조건의 지역을 찾는데 도움된다. 다카라지마샤(宝島社)나 후루사토회귀지원센터 등이 10년 이상 그런 순위를 발표하는 것도 이런 유용성 때문이다.

〈표 3-5-1〉 주요 이주 순위 종류

실시단체	순위 명(시작 시기)	집계방법과 특징
후루사토 회귀지원 센터	이주희망지 순위 (2009년~)	이주 정주 촉진에 적극적인 지역을 대상으로 이주 지원사업, 의료, 육아, 자연환경, 근로 지원, 이주자 수 등을 포함하여 250개 항목의 조사 실시. 지자체 응답을 기초로 시골살이 매력을 수치화하여 발표
다카라지마 사(『시골살이 책』)	살고 싶은 시골 순위(2013년~)	신규센터의 창구 상담자, 신규 세미나·상담회 등 참가자를 대상으로 조사. 조사 방법은 상담 카드 조사. 응답자 수는 10,000명 이상
주식회사 카약	이주 어워드 (2018년~)	이주·관계인구 촉진을 위한 매칭서비스 스마우토(SMOUT) 이용자가 지역에서 제공하는 정보에 대해 '흥미 있음'을 누른 횟수를 집계. 500개 이상의 지역에 지역에 '흥미 있음' 횟수는 약 65,000건
일본텔레 비전	상상 이주 순위 (2023년~)	일본 텔레비전의 와이드쇼 방송에서 이주 관련 코너 특집 발송. SUUMO나 『시골살이 책』 편집장 등 지방 이주 전문가 집단, 통칭 '이주 어벤져스'가 순위 발표 형식으로 지자체 소개

* 출처 : 저자 작성

높아지는 이주 순위의 영향력

지자체에게도 이주 순위의 중요성은 크다. 매해 순위 발표 시기가 되면 상위 지자체들은 보도자료를 배포한다.

이 자료를 KPI로 삼기도 하고 순위 상승 자체를 정책과제로 삼는 경우도 있다. 도야마현은 2019년을 목표로 후루사토회귀지원센터의 순위 상승을 제시했다. 2014년 9위에서 2019년까지 5위 이내로 끌어올리겠다는 것이다.[163]

군마현 야마모토 이치타(山本一太) 지사는 2024년 3월 이주 희망지

---

163) 富山県(https://tinyurl.com/29llt6p8)

랭킹 2위에 오른 것을 기념하는 기자회견에서 "그동안 전국 3위 이내를 달성하겠다고 공언했습니다"라고 말했다. 담당 지역창생부장은 "지사님이 상위 순위를 목표로 하라고 지시하셨다"라고 말했다. 이어서 지사는 "앞으로는 1위 시즈오카현을 따라잡아 1위를 쟁취하겠다"고 발표했다.[164]

각종 이주지 순위는 지자체의 이주 촉진에 큰 영향을 미치고 있다. 이 책의 3-6장에 논의한 것처럼 KPI나 목표설정의 중요성이 확산되는 분위기 속에서 그 경향이 더욱 고조되고 있다.

이주 순위 상승 지향 ≠ 보다 좋은 이주시책

이주 순위의 영향력 고조 현상이 반드시 바람직한 것만은 아니다. 오히려 이주 순위와는 적절히 거리를 두고 소통하는 것이 중요하다.

우선 유념해야 할 것은 순위 제작자의 논리다. 대부분의 이주 순위는 민간 기업이나 민간단체가 발표한다. 이들은 대부분 영리기업이다. 즉 이주 순위의 목적은 사업자가 고객 만족도를 높여 이익을 올리는 것이다. 때로는 자사 상품이나 서비스로 유도하는 경우도 있다.

순위 내용이 반드시 지자체의 이주 촉진으로 구성된 것도 아니다. 순위 상승을 목표로 한다고 해서 자기 지역을 진정 사람들이 원하는 이주

---

164) 移住希望地ランキングに係る山本一太群馬県知事記者会見要旨. 2024.03.01. (https://tinyurl.com/2ar6bdpr)

지로 만드는 노력을 하는 것은 아니라는 것을 유념해야 한다.

지자체간 이주 순위 격차 확대

이주 순위가 지자체간 격차를 확대하는 것도 주의해야 한다. 격차 확대는 다른 많은 순위에서도 공통적으로 나타나는 불가피한 현상이다.

매해 이주 순위가 발표되면 미디어는 특집 기획을 한다. 나도 그런 취재에 응한 적이 있다. 미디어는 늘 1위 한 지역, 순위가 급상승한 지역에 주목한다.

따라서 상위 순위 획득→미디어 보도→관심 고조 및 이주 선진지라는 이미지 확대→이주 희망자의 문의 증가라는 순환과정이 만들어진다. 결국 빈익빈 부익부 구조가 양산되는 것이다.

지리적 환경이나 교통 인프라 등이 핸디캡이 되어 순위에 영향을 주는 등 반드시 공평한 순위 경쟁이 아님에도 불구하고 일부 승자 지자체와 그 외 다수의 패자 지자체가 재생산되는 구조가 형성되어 순위 경쟁의 피폐감으로 포기하는 지자체도 나오고 있다.

산정방법이나 기준의 투명성과 순위 상승의 목적화라는 덫

마지막 과제는 순위 산출방법과 기준이다. 예를 들어『시골살이 책』

이 매해 발행하는 '살고 싶은 시골 베스트 순위'라는 인기 순위가 있다. 언뜻 보면 일반 독자에게 이주 희망을 묻는 것처럼 보이지만 사실은 전국 지자체를 대상으로 이주지원정책의 충실도, 편집부가 설정한 살기 좋음과 관련한 항목을 물어보고 응답한 결과를 토대로 순위를 매긴 것이다.

작가 가이 가오리(甲斐かおり)의 말을 빌리면 "이주 희망자가 살고 싶다고 생각하는 순위가 아니라 지자체가 살기 좋은 곳으로 만들려고 노력하는 (혹은 그런 조건이 갖춰져 있는) 순위라고 말하는 것이 정확"한 것이다.[165]

또한 후루사토회귀지원센터가 매해 발표하는 '이주 희망지 순위'는 (온라인 포함) 신규 센터 창구의 상담자, 신규 이주세미나·상담회 등 참여자를 대상으로 조사한 결과다. 필연적으로 부스 설치, 상담 직원의 근무시간 연장, 세미나나 상담회의 증설 등 편법으로 순위가 높아질 수 있다.

실제로 센터 이사장 다카하시 다다시(高橋公)는 2023년 1위 시즈오카현, 2위 군마현, 3위 도치기현이라는 결과에 대해 "센터에 약 절반의 부스에 취업 상담이 가능한 전문 직원이 있고 시즈오카, 군마, 도치기의 상위 3위안에 드는 지역은 취업 상담원이 상주하고 있기 때문에 순위 상승에 영향을 미쳤다"고 평가했다.[166]

물론 순위 산출 방법이나 기준 그 자체가 문제라고 말하려는 것은 아

---

[165] 甲斐かおり. 2019. "「住みたい田舎ランキング」とは、人が「住みたいと思う田舎」のランキングではないことを知っていますか？." (https://tinyurl.com/2co5sx8a)

[166] 認定NPO法人ふるさと回帰支援センター. 2024.02.27. 「2023年の移住相談の傾向、移住希望地ランキング公開」 (https://tinyurl.com/2yokpyyv)

니다. 특정 기준에 맞춰 순위를 매기고 부정한 방법도 없을 것이다. 중요한 것은 순위의 산출 방법이나 기준의 의미를 지자체 담당자나 이주 희망자가 어느 정도 알고 있는가이다.

매체에 따라 산출 방법이나 기준의 투명성이 다르고 그중에는 아무도 모르는 블랙박스에 가까운 것도 있다. 지자체는 공정한 이주 촉진을 전개하기 위해 이런 순위를 어디까지 신뢰하고 그 정보에 편승할 것인가를 판단하여 순위 상승 자체를 목적화하는 것 같은 정책은 그 목적이나 의의를 재검토하는 것이 중요하다.

3-6
광역 연대의 중요성
고치현 '2단계 이주 정책'의 핵심 가치

광역 연대에 의한 공생적 이주 촉진으로

지자체 간 과도한 이주자 획득 경쟁이나 보조금 경쟁을 극복할 열쇠의 하나는 광역 연대다. 이제까지 대부분의 이주촉진정책은 지자체 단위에서 실시되었다. 그러나 앞으로는 광역 연대에 의한 이주 촉진이 더 중요해질 것이다.

이주 검토자들은 반드시 특정 지자체에서만 살고자 하지 않을 수도 있다. 이주 후 지역에서의 생활도 하나의 지자체 내에서만 이루어지는 것이 아니다. 또한 예산 축소나 인재 부족 때문에 지자체 단독으로 이주 촉진을 하는 것은 어렵다.

이러한 상황을 살펴보면 이주 촉진은 주변 지자체와 연대하여 '점'이 아닌 '면'으로 시행하는 것이 효과적이다. 그렇게 되면 이주자나 이주 희망자의 시점에서 정책 시행이 가능해진다. 현재 직면한 이주 촉진으로 해결하고자 하는 문제의 대부분은 지자체의 틀만으로는 해결하기 어려운 것도 많다.

일반적인 광역 연대에 의한 이주 촉진의 예로써 광역 연대 중핵 도시권[167]이나 지자체 간 임의적인 연대로 이주 상담회와 홍보 이벤트 공동 실시, 이주 촉진 팜플렛 공동 작성, 신문잡지나 웹사이트에 공동 광고 게재 등의 방법이 있다.

그중에 독자적 이주 스타일을 정립하여 전국에 확산된 모범 사례가 있다. 바로 '고치시 2단 이주(고치시 2단 이주 추진사업/고치시 2단 이주 지원사업)'이다.

이 사업은 2018년부터 고치시와 고치현의 33개 시정촌이 「지방자치법」에 근거하여 연대 협약을 체결하고 현 전역에서 시행한 '렌케이 고치 광역도시권' 관련 사업으로 시작되었다.

고치발 이주 스타일은 무엇인가

'2단 이주'는 이주하기에 앞서 우선 비교적 도시권이라 할 수 있는 현청 소재지나 중핵도시 등에 이주·체류(1단계)하고 그곳을 거점으로 지역을 둘러보면서 자신에게 맞는 마을을 찾아 이주(2단계)하는 단계적 이주 스타일이다.

고치시의 경우엔 우선 현 내 도시권인 고치시에 이주하여 지내며 현 내의 34개 시정촌 중에 살고 싶은 지역을 찾는 흐름으로 구성되어 있

---

167) 상당 규모와 중핵성을 겸비한 중심도시가 주변 시정촌과 연대하여 인구 감소 사회라 하더라도 일정 정도의 권역인구를 유지하여 활력 있는 지역경제를 유지하는 것을 목적으로 하는 구상

〈그림 3-6-1〉 고치 2단계 이주 모델

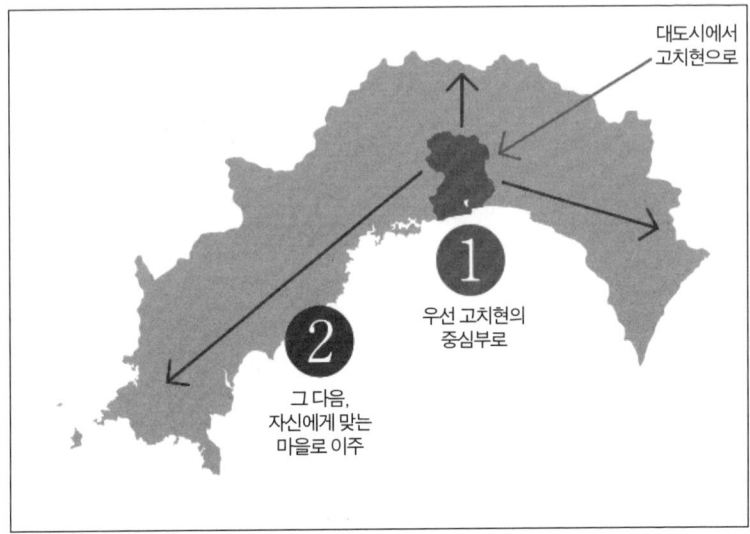

* 출처 : https://tinyurl.com/2xncuemz

〈그림 3-6-2〉 고치 2단계 이주 웹사이트

* 출처 : https://tinyurl.com/26w6otmr

다.[168]

　구체적으로는 1단계 고치시에서의 실험이주비용 지원, 2단 이주를 위해 현 내 시정촌을 둘러볼 때 렌트카 비용 지원, 현과 현 내 시정촌이 연대하여 지원 체계 정비 등을 한다.

　비용을 지원받은 대상자는 고치시가 발행하는 '스탬프 이주 패스포트'를 갖고 현 내 시정촌 이주상담 창구를 3개소 이상 방문하여 스탬프를 받으면 일정 금액을 지원받을 수 있다.[169]

　3개소 이상으로 설계하여 처음 맘에 드는 지자체가 있더라도 여러 지자체를 비교하면서 맞는·맞지 않는 삶의 이미지를 생각해 보는 설계다. 또한 광역 연대이기 때문에 그 외에도 다양한 방식을 제공하며 기회를 창출한다.

미스매치 방지와 상호보완관계 강화를 위해 시행

　고치시가 다른 시정촌과 연대하여 2단계 이주를 촉진하게 된 이유는 다음과 같다.

　첫째, 이주자의 미스캐칭을 방지하기 위해서이다. 이주는 대단히 매력적이지만 실제로 이주하게 되면 그동안 생활했던 방식과 격차를 느껴

---

168) 2단 이주는 1단계보다 2단계가 시정촌이어서 규모가 작아지는 경향이 있지만 다양한 지역을 본 후에 "역시 지방도시가 좋다"라고 말하는 사례도 많다. 도시에서 농산촌뿐만 아니라 일단 다소 익숙한 '도시에서 도시로'라는 선택지를 추가한 것이 2단계 이주의 특징이다.
169) こうち二段階移住Webサイト「支援制度について」(https://tinyurl.com/2xncuemz)

불안해질까 봐 이주를 시도하기 어렵다는 의견도 많다.[170]

이러한 불안이나 이주에 대한 심리적 장벽을 조금이라도 낮추기 위해 2단 이주를 시행하게 된 것이다.

나는 다른 지역에서 조사하면서 2단 이주를 경험한 이주자를 만난 적이 있다. 그들은 "이주해보니 도시에서 정보 수집 했을 때와 정보량이 전혀 다르다는 것을 알았다", "이주 후에 다음 이주지를 찾는 과정에서 네트워크가 생겨 빈집을 소개받았다", "1단계에서 조금은 지역 사정이나 분위기를 파악할 수 있었고 그 덕분에 이주 후에 의사소통하기 쉬웠다"라고 말했다. 여러모로 2단 이주는 효율적이었다는 평가가 많았다.

둘째, 광역 연대로 현 내 인구 감소에 대응하기 위해서이다. 고치 2단 이주를 시작한 2018년 고치시 인구는 현 내 인구의 약 46% 정도였다. 과거 1991년에는 38.4%였는데 점점 현의 총인구가 감소한 탓에 고치시의 인구 비중이 높아졌고 마치 도쿄 일극집중같은 상태가 되었다. 이런 상황에서 고치시는 현 내 시정촌과 긴밀하게 연대하여 과제해결을 위해 노력하기로 했다.[171]

2020년대 지방에서는 '우리 지역만 남으면 된다', '우리 지역은 승자이기 때문에 패자와 연대하지 않아도 된다'는 발상은 통용되기 어려운 상태이다. 고치 2단 이주도 고치시로 일극집중이 가속화되어 그 폐해가 늘고 있기 때문에 현청 소재지로서 자신들만을 위해서가 아니라 현 전체

---

170) 高知市 総務部 市長公室 政策企画課 移住·定住促進室. 2018. "高知からご提案「二段階移住のススメ」."『クリエイティブ房総』Vol.95 : 3.
171) 각주 166)과 동일

를 위해 타 시정촌과 연대한다는 구상을 기획한 것이다.

광역 연대하면 '역으로 경쟁이 심해지지 않을까'라는 우려도 제기될 수 있다. 물론 정기적인 정보 공유나 담당자 간 소통이 부족하면 확실히 부작용도 발생할 것이다.

그러나 기본적으로는 경쟁이 심해지지 않는다. 오히려 이주자가 이주 후보지가 되는 지자체를 선택할 때 얼마나 망설이고 있는가를 좀 더 분명히 파악할 수 있었다. 지자체 규모에 따라 영향력이나 구심력의 차이는 있지만 서로 보완하며 동병상련 관계를 전제로 광역 연대하여 이주 촉진을 시도하길 바란다.

3-7
이주 실태 파악을 위한 노하우

"필요하지만 어떻게 해야 할지 모르겠다"는 이주 실태 조사

이주촉진정책 시행은 다른 정책처럼 실태 파악이 필수적이다. 그러나 현실적으로는 정부기관이나 (기업 포함) 이주 관련 단체가 시행하는 전국 단위 혹은 도쿄도나 도쿄권 거주자 대상의 조사만 활용될 뿐 지자체 단위의 실태조사는 적은 편이다. 또한 광역 지자체가 기초 지자체와 연대하여 조사를 시행하는 경우도 별로 없다.

다양한 지역에서 이주 담당자, 단체장, 의원들은 "이주 실태 파악이 필요하다고 생각하지만 구체적으로 어떻게 해야 할지 모르겠다"는 말을 종종 한다.

이 글은 시정촌 단위에서도 실시할 수 있는 5개 조사와 구체적인 방법을 소개한다. 반드시 조사 수를 늘려야 좋은 것은 아니지만 느낌과 경험에 많은 것을 의지해온 지자체나 일부 목소리가 큰 이주자의 의견만 정책에 반영해 온 지자체들은 다시 한번 종합적인 실태조사를 해볼 것을 권한다.

<표 3-7-1> 이주 실태 조사 종류와 조사 대상

조사명	조사대상
이주 희망 실태 조사	지역거주자
이주에 이르는 과정 조사	이주자
이주 후 생활 조사	이주자
이주자를 수용하는 지역 조사	지역조사 자치회 등
그룹 인터뷰	이주자, 지역 주민 등

*출처 : 저자 작성

우선 조사를 시작할 때에는 이주 촉진의 목적이나 과제 등과 비교하며 우선순위를 설정하는 것이 중요하다.

이주 희망 실태 조사

비교적 널리 실시되는 것은 이주 희망 실태 조사다. 이 조사는 지자체 인지도나 이미지, 관광 경험, 이주를 희망하는 이유나 과제를 묻는 설문으로 구성된다.

온라인에서 폭넓게 조사하거나 각종 이주·관광 관련 이벤트 현장에서 설문조사를 받는 방법으로 진행한다. 실시하기 쉬운 조사이며 응답자가 다양하고 질문도 다양하기 때문에 정책이나 현안과 효과적으로 연결하는 것이 관건이다.

특히 이주 희망을 묻는 질문에 주의할 필요가 있다. 예를 들어 지방창생에서 이주 촉진 논거로 제시한 내각관방 마을·사람·일 창생본부 사무국의 '도쿄 거주자의 이주 의향 조사'에는 이주 희망 유무에 대해 예정과 검토 등의 항목을 예시로 제시했다.

〈표 3-7-2〉 도쿄 거주자의 이주 의향 조사 항목

선택지
① 앞으로 1년 이내에 이주 예정·검토를 생각하고 있음
② 앞으로 5년 이내에 이주 예정·검토를 생각하고 있음
③ 앞으로 10년 이내에 이주 예정·검토를 생각하고 있음
④ 구체적인 시기는 정하지 못하지만 검토하려고 생각하고 있음
⑤ 검토를 생각하지 않음

* 출처 : 内閣官房まち·ひと·しごと創生本部事務局, 2014, 「東京在住者の今後の移住に関する意向調査」를 재구성.

그러나 '예정'과 '검토'는 그 의미가 다르게 받아들여질 수 있다. '지방 이주를 희망한다'는 것과 동의어가 아니다. 또한 '예정'과 '검토' 각각에 대해 묻는다면 사회조사방법론의 유의사항인 하나의 질문에서 두 개 이상을 동시에 묻는 오류에 해당한다.

'이주를 희망합니까?'나 '이주를 검토하고 있나요?'라는 질문은 각종 조사에서 빈번하게 등장하는 질문이지만 '희망'이나 '검토'라고 예시를 제시하면 개인별로 그 의미나 해석이 다를 수 있음을 유의해야 한다.[172]

---

[172] 伊藤将人, 2023, "地方創生における地方移住促進の正当化論理と課題：ベストのクレイムのレトリック分析を援用して." 『都市社会研究』 Vol.15 : 143~156.

이주에 이르는 과정 조사

이주민 대상의 조사도 살펴보자.

우선 이주 전으로부터 이주에 이르는 과정을 조사할 수 있다. 이 조사는 실제로 그 지역에 이주한 사람의 의견을 앞으로 이주할 사람과 공유하고 지원에 활용하기 위해 실시하는 것이다.

보통 전입할 때 설문조사를 실시하고, 이후에 추가로 더 물어볼 것이 있으면 온라인으로 물어볼 수도 있다. 이 경우의 조사 내용은 다음과 같다.

- 그 지역을 이주지로 선택한 이유
- 이주할 때까지 이용한 지원사업
- 이주할 때 알게 되어 좋았던 정책 등
- 이주할 때 원했던 정책 등
- 이주할 때까지 이용한 정보
- 거주와 일자리 찾기에 이용한 정보
- 이주 검토부터 이주할 때까지 소요 기간
- 이주할 때의 고민
- 이주 비용
- 앞으로 이주할 사람에게 하고 싶은 조언

이주 후 생활 만족도와 고민 조사

이주 후에 일정 기간을 경험한 사람을 대상으로 이주 후 삶의 만족도나 고민을 조사할 수도 있다. 이주가 끝이 아니기 때문에 지속적인 생활 지원을 위해 필요한 조사이기도 하다.

보통은 온라인 툴을 사용한 조사가 가장 효과적이고 전입할 때 미리 연락처를 받아 실시한다.

이주 후의 생활에 대한 만족도나 고민은 시기에 따라 다르므로 정기적으로 조사해야 한다. 또한 양적인 조사로 불충분한 경우에는 추가 조사에 대한 협력 여부를 물어보고 인터뷰 조사 등으로 보완한다.

구체적으로는 다음과 같은 질문이 조사 내용 후보가 된다.

- 이주 후 생활 만족도
- 이주 후 지원에 대한 만족도
- 이주 후 일(근무지, 통근 시간, 업종, 만족도)
- 이주 후 거주(거주 형태, 거주 지역)
- 이주 후 세대 수입, 세대 지출의 변화
- 이주 후 교통수단이나 이동 수단
- 이주 후 지역과 관계(자치회 등 가입 유무, 참여 소감, 그 외 참여 커뮤니티 등)

이주자 수용 지역 내 의견 조사

이주에 관한 조사는 이주자만 대상으로 하지 않는다. 지역 주민과 이주자 간 갈등을 방지하는 방법이나 상생 사례를 공유하는 것이 중요하기 때문에 지역 주민에 대한 조사도 필요하다.

예를 들어 자치회나 마을회장을 대상으로 이주에 대한 지역의 인식, 사건, 활동을 조사하거나 이주자가 늘고 있는 지역 주민을 대상으로 우편조사를 하는 것이 효과적이다. 조사로 수집한 의견은 지자체 내 마을과 공유하며 여러 가지로 활용할 수 있다.

구체적으로는 다음과 같은 질문이 조사내용 후보가 된다.

- 지역의 이주자가 늘고 있는가
- 이후 이주자가 늘기 바라는가
- 이주자가 지역에 들어오기 쉬운 방법을 고민하는가
- 이주자와 지역 주민 간 갈등 유무
- 이주자 수용에 대해 지자체에 바라는 점

지역 주민 및 이주자 그룹 조사

앞의 조사들은 주로 개인 대상의 조사이지만 포커스 그룹 인터뷰(FGI)나 그룹 인터뷰 조사도 필요하다. 이 조사는 사전에 1그룹 5명 이상 참가자를 모집하여 사회자가 질문을 하고 그 질문을 바탕으로 참가자들이 서로 의견을 나누며 질문도 하는 방식의 조사다.

그룹 인터뷰는 그 자체가 새로운 연대나 교류를 낳는 기회도 된다. 또한 5명 이상의 이주자가 모여 그룹 인터뷰를 함으로써 한 명을 조사할 때 느끼지 못했던 많은 정보를 얻을 수도 있다.

한편 지역 주민과 이주자를 3명씩 모아 그룹 인터뷰를 하는 것도 효과적이다. 사람들은 자기 생각이 일반적이라고 생각하지만 다른 사람과 이야기하며 새로운 사실을 느끼기도 하고 새로운 자신의 역할을 찾을 수도 있다.

"이주자는 그걸 모르고 있었구나! 앞으로는 처음부터 알려줘야지"라고 지역 주민이 느끼기도 하고 거꾸로 "지역의 말투에는 그런 역사나 전통이 있었구나! 그렇다면 앞으로는 좀 더 협력해야지"라며 다른 사람의 문맥을 이해하고 공감할 수도 있다. 이런 기회는 의도적으로 만들지 않으면 좀처럼 생기지 않는다.

실태 파악시 고려해야 할 세 가지 주의사항

첫째, 당연한 것이지만 개인정보 취급 주의가 필요하다.

둘째, 조사내용 설계 방식에 따라 편향성이 반영될 수도 있고 결과가 크게 달라질 수도 있다. 조사에 능통한 사람이 없는 경우에는 이주정주나 조사통계를 잘하는 대학 연구자나 조사전문 민간기업과 연대하는 것도 방법이다.

셋째, 조사 대상을 명확히 해야 한다. 이 책에서 계속 강조한 것처럼 '이주자'에 대한 명확한 정의는 없다. 조사가 어떤 거주 이력의 사람을 대상으로 하는지, 모든 전입자인지, 전입자라도 특정한 사람인지 등 최초의 대상을 명확히 하는 것이 중요하다.

3-8
담당자의 개인적 경험을 살리다

담당자의 소중한 개인적 경험이나 의견

이 책에서는 공정하고 지속가능한 이주촉진정책을 실현하고 지방 이주를 둘러싼 과제 해결을 위해 설문조사나 인터뷰 조사 등을 통해 객관적·과학적으로 실태를 파악해야 한다는 것을 강조했다. 현재의 이주촉진정책에는 이러한 근거나 이유가 부족하여 때로는 불평등이나 편견을 야기하기 때문이다.

한편 담당자의 개인적 경험에 기초한 아이디어나 의견도 매우 중요하다. 특히 이주 촉진 담당자가 되기 전에 자신이 이주한 경험이 있거나 이주할 수 없었던 경험이 있다면 더욱 현실성 있게 정책에 반영될 수 있다.

이주 당사자의 경험과 의견 활용

첫째, 지역부흥협력대 사례다. 모 지자체의 이주 담당자는 이렇게 말했다.

"우리 지자체는 지역부흥협력대에게 이주 촉진 업무 일부를 담당하게 합니다. 저를 포함한 다른 직원은 이 지역에서 태어나 진학으로 도쿄나 나고야로 가는, 이른바 이주를 해본 적이 없기 때문입니다.
협력대원은 이주 경험자입니다. 경험자가 알 수 있는 것이 있고 상담자와 공감도 생기기 쉽다고 생각합니다."

다른 지역에서도 이런 류의 의견을 자주 들었다. 협력대원은 이주 경험자이며 당사자다. 도시권에서 이주할 때 고생도 하고 벽에 부딪히며 이런 지원이 있으면 좋겠다는 생각을 했을 것이다. 그만큼 도시에서 지방으로의 이주는 인생의 큰 결단이고 과정의 부담도 크기 때문에 경험이 큰 무기가 되어 설득력을 가진다.

그 지역에 계속 살고 있는 사람만 알 수 있는 것을 전제하면서 협력대 등의 제도를 활용하여 이주정주 상담원이나 창구 상담원에 이주경험자를 포함시켜 선배 이주자가 상담할 수 있도록 기획하면 당사자 눈높이에 맞춘 이주 촉진 지원을 실현할 수 있다.

나가노현 지쿠마시 '안즈루 노트(안즈-살구-노트)'

둘째, 나가노현 지쿠마시 '안즈루 노트' 사례다. 현청 소재지인 나가노시와 제3의 도시인 우에다시 중간에 있는, 살구와 다랭이논, 동일본 최대 전방후원묘로 알려진 지쿠마시는 최근 들어 주변 지자체보다 늦게 이주촉진정책에 주력하는 중이다.

지쿠마시는 이주 촉진 담당자의 경험을 정책에 적용하며 이주 검토자에게 다가가는 것을 소중히 여기는 활동을 한다. 이 담당자는 예전에 이동을 포함한 몇 개의 인생 선택지에서 자신이 하고 싶은 것을 못한 미련이 남은 사람이었다. 그래서 이주 검토자들이 후회 없는 선택을 하도록 돕고자 '안즈루 노트'라는 것을 제작했다.

〈사진 3-8-1〉 안즈루 노트

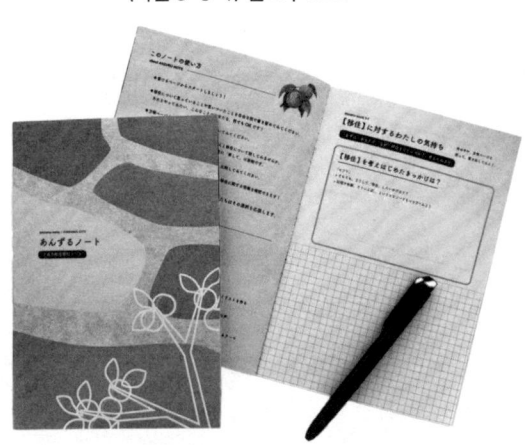

*출처 : 지쿠마시 제공

노트 이름은 지쿠마시 명물인 살구 열매가 노랗게 익는 것처럼 이주자에 대한 마음을 세심하게 '생각한다(안지루, 案じる)'라는 의미를 담았고, 가족이나 소중한 사람과 터놓고 대화할 수 있는 마음을 그림으로 담아 구성했다.

또한 지쿠마시 정보뿐만 아니라 다른 지역 정보도 수록하고, 개인의

〈그림 3-8-2〉 이주 검토자에게 우편 발송하는 안즈루 노트

* 출처 : https://www.chikuma-iju.jp/pamphlets

생각과 느낌을 적어 이주에 대한 구체적 비전을 그리도록 디자인했다. 이러한 구성이나 디자인, 제작 의도 등이 주목받아 미디어에 홍보되고 도쿄의 나가노현 안테나숍에서 노트를 활용한 워크숍도 개최했다.

안즈루 노트의 시작은 이주 담당자 개인의 경험과 생각이었지만 결과적으로 이주 희망자에게 그 마음이 닿아 독자적인 이주 촉진으로 연결되었다.

객관적이고 과학적인 분석이나 전략에 기반한 정책 수립이 요구되는 환경에서 개인 경험에 기반한 활동이 공감을 일으킨 것이다.

3-9
이주자와 지역 주민의 갈등을 방지할 수 있는 11가지 아이디어

이주 촉진으로 고조되는 주민의 다양성과 갈등

지속가능한 이주 촉진 달성은 이주 후에 계속 정주하고 싶은 사람이 그렇게 할 수 있는 지역을 만드는 것이다. 지자체로서는 이주 후에 정주하는 사람이 늘면 기쁠 것이다.

또한 이주 촉진의 본질은 사람들이 행복하게 사는 지역에 끌리는 사람도 는다는 것이다. 즉, 계속 살고 싶다는 사람이 는다는 것은 지자체의 이주촉진정책이 성공적이라는 증거이기도 하다.

그러나 이주는 했지만 계속 정주하지 않겠다는 사람도 많다. 물론 이주자가 그곳을 떠나 새로운 지역으로 이주하는 것 자체는 문제가 아니다. 다만 지역 주민과 갈등이 생겨 계속 살고 싶지만 그렇게 하지 못하고 떠나버리는 것이 문제다.

개인 간 갈등은 정책과 상관없는 일이라고 생각할 수 있을지도 모르지만 그렇게 단순한 문제가 아니다. 정부와 지자체의 활발한 이주 촉진 노력에 의해 정부 지원으로 이주한 사람도 있다.

반대로 이주 지원이 있어서 이주자를 안심하고 받아들이는 지역 주민도 있다. 즉 지방 이주가 제도화되면서 이주자가 경험하는 (언뜻 개인적인 것으로 보이는) 갈등은 다양한 형태로 정책의 영향을 받은 사회적·정책적 갈등도 많다.

2023년 NHK는 지역부흥협력대(완료한 퇴임자 포함) 1,453명을 대상으로 지역 주민과 갈등 경험을 조사했는데 응답자의 27%, 약 4명 중 1명이 갈등을 경험했다고 응답했다.[173]

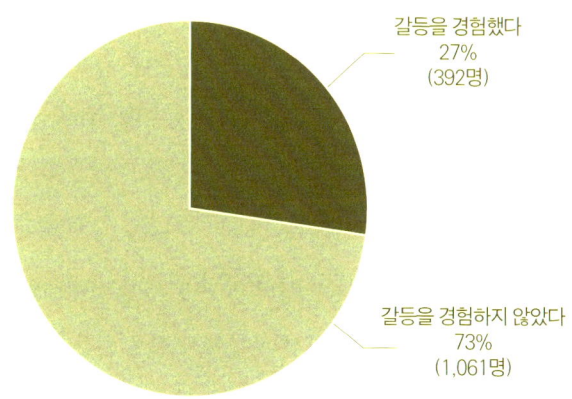

〈그림 3-9-1〉 지역 주민과 갈등을 경험한 지역부흥협력대원 비율

* 출처 : https://www.nhk.or.jp/gendai/articles/4819/#p4819_02

---

[173] NHK, 2023, 「都市と地方のすれ違い "地域おこし炎上" はなぜ？」(https://www.nhk.or.jp/gendai/articles/4819/#p4819_02)

생활양식, 행동원리, 인간관계를 둘러싼 '당연한 것'의 차이가 갈등의 씨앗

주민들 간의 갈등 자체는 인류가 유목에서 정착으로 생활방식이 변한 약 1만 년 전 – 이른바 '도망갈 수 있는 사회'에서 '도망갈 수 없는 사회'로 전환한 시기- 부터 현재까지 계속되고 있다.[174]

같은 장소에서 살고 있는 사회에서는 이합집산을 반복했던 사회에서 일어나지 않던 갈등이 발생하여 '싫은 사람'과 같이 살아야 하는 필요가 생긴다. 그렇다면 이주자와 지역 주민 사이의 갈등은 어떤 특징이 있을까?

농학자 혼다 야스코(本田恭子)는 도시인이 농촌으로 이주하여 경험하는 가치관 차이나 갈등에 대해 다음과 같이 설명한다.

"가족 단위에서의 행동 자주성이 존중되는 도시생활과 달리 농촌에서는 주민들이 생활이나 생산 부문에서 서로 깊은 관계를 맺는 일이 '당연한' 것이다.

또한 주민의 생산이나 생활을 지탱하기 위한 여러 조직이 존재하기 때문에 이주자와 농촌 주민의 생활양식이나 행동원리, 인간관계에 대한 인식은 매우 큰 격차가 존재한다. (중략)

이주자의 이질성이 충분히 활용된 사례가 있는 반면, 이러한 인식의 간

---

174) 西田正規. 2007. 「人類史のなかの定住革命」. 講談社学術文庫.

극 때문에 알력, 악영향이 생겨 이주를 포기하는 경우도 많다.

즉, 지역 주민의 이주자에 대한 인식과 대응은 이주자의 생활에 큰 영향을 주고 이주의 성패를 좌우한다."[175]

지역을 둘러싼 인식이나 가치관 차이가 갈등과 이주 실패로 이어진 사례는 많다. 개발 사업에서 환경이나 미래에의 영향을 둘러싼 인식 차이, 자치조직이나 그 활동에 대한 참여가 이주자에게 큰 부담으로 작동하는 경우, 이주자의 적극적인 활동에 대한 반대가 심한 경우, 이주자가 임대한 집을 수리하는 과정에서 오해받아 쫓겨난 경우, 지역 주민의 과도한 환대에 부담을 느껴 다른 지역으로 이주한 경우.[176] 이런 사례는 빙산의 일각에 불과하다.

인간이기 때문에 필연적으로 발생하는 갈등인 경우도 있고 개인의 언행이 문제가 되어 갈등으로 이어지기도 한다.

그러나 사례가 시사하는 것은 개인이 해결하기 어려운 갈등도 많다는 것이다. 그리고 이주자뿐만 아니라 많은 지역주민도 같은 고민을 느낀다는 사실이다.

---

175) 本田恭子・伊藤浩正・小田滋晃. 2011, "都市住民の農村への移住に対する中山間地住民の受け入れ条件:三重県伊賀市K地区を事例に," 『農林業問題研究』 47(2): 185~193.

176) 高木学. 1999, "過疎活性化にみる「都市—農村」関係の諸相:Iターン移住者を巡る地域のダイナミズム," 『京都社会学年報』 Vol.7: 121~132.; 高木学. 2000, "「離都向村」の社会学:Iターンに見る過疎地域と都市の相互作用," 『ソシオロジ』 44(3): 3~20.; 間美芳. 2009, "新規参入する有機農業者と既存村落との共存可能性:茨城県石岡市八郷地区の取組を事例として," 『ソシオロジ』 54(2): 37~53.; 吉田佳世. 2010, "村落 (シマ) 的世界を再考する:八重山群島石垣島・伊原間集落における移住者と先住者の関係をめぐって," 『人文学報』 Vol.423: 71~102.

갈등 극복을 위한 11가지 방법

이주자와 지역 주민의 갈등을 미연에 방지할 수 있는 정책적 방안이 있을까. 다음의 〈표 3-9-1〉은 조사와 선행연구를 바탕으로 지자체나 이주촉진단체가 지역 및 주민과 연대하여 갈등을 줄이고 극복하기 위한 방법을 정리한 것이다.

〈표 3-9-1〉 갈등 방지 방법

구분	선택지
이주 전 단계	① 이주 촉진을 위한 홍보에 다양한 주민의 목소리를 반영 ② 실험 이주나 이주 체험 투어를 충실히 시행 ③ 마을 교과서나 이주 교과서 제작 ④ 지역부흥협력대제도 등을 활용할 경우 받아들이기 전에 가능한 한 양측의 목적이나 인식, 생각을 조정
이주 후 단계	⑤ 이주자 커뮤니티 기획 운영 및 초대 ⑥ 이주자와 지역 주민을 연결하는 상담자나 중개자 설치 ⑦ 갈등이나 고민이 생겼을 경우 상담처 안내
정보수집 공유	⑧ 이주 후의 조사 등으로 지속적인 실태 파악 ⑨ 서로 알 수 있는 교류의 장이나 의견 교환회 설치 ⑩ 이주 수용 지역에서 강좌나 정보 공유 기회 제공 ⑪ 과거의 실패 사례나 반성을 정리한 자료 공개 및 공유

*출처 : 저자 작성

우선 이주 전 단계에서의 대책이 중요하다(이 책의 1-4장 참조). 이주촉진정책은 행정만으로 완결될 수 없다. 그 과정에서 ① 다양한 주민의 목소리를 반영하는 것이 중요하다. 예를 들어 ③ 마을 교과서나 이주 교과서 등을 제작하면 효과적이다.

교토부 난탄시, 시즈오카현 마키노하라시, 교토부 아야베시 등은 이주 희망자와 이주자 대상으로 이런 교과서들을 배포하는데 이런 콘텐츠는 주민의 목소리를 반영하면서 이주 후의 생활에 직면한 문화 차이나 고민을 설명하는 길잡이가 될 수 있다.

또한 이주 전에 이주 희망자와 지역 주민의 접점을 마련하여 지역 주민에 가까운 가치관을 가진 이주자가 이주하는 사례도 있다. 이런 점에서 ② 이주 체험 투어나 실험 이주 시 교류, 이벤트 등을 통한 협동 경험이 중요하다.[177]

이주 후 단계의 지원체계 마련도 필요하다(이 책의 5-7장 참조). ⑦ 이주자들이 갈등이나 고민을 상담할 수 있도록 하여 무슨 일이 생겼을 때 상담할 수 있는 상담처를 설치하고 사전에 공지하는 것도 효과적이다. 또한 ⑥ 이주자와 지역 주민 사이에서 소통할 수 있는 중개자를 설치하는 것의 중요성도 보고되고 있다.[178] 최근에는 지역부흥협력대 경험자 등이 그 역할을 하는 사례도 많은 것 같다.

이주자를 받아들이는 지역에서 정보 수집이나 공유도 포인트다(이 책의 8-11장 참조). 이주촉진정책에서는 왕왕 이주 후의 동향을 등한시하는 경향이 있다. 그러나 앞서 강조한 것처럼 이주촉진정책의 성패는 이주자의 증가가 아니라 이주자나 지역 주민 삶의 만족도에 있다.

또한 이주 후야말로 지역에서의 리얼한 생활 의견을 수집할 수 있는 좋은 기회다. ⑧ 전입 시 설문조사나 이주자 교류회에서 연락처를 수집

---

177) 羽場杉人·鬼塚健一郎·星野敏·清水夏樹. 2020. "新規移住者と定住者が持つ豊かさの価値観の同類性と定住の関係阿智村清内路(せいないじ)地区の事例研究." 『農村計画学会誌』 39(1) : 55~63.

178) 伊藤将人. 2021. "農村社会における移住者と地元住民の関係性の構造と共生への一考察 : 映画『おおかみこどもの雨と雪』を題材に." 『人文×社会』1(2) : 111~128.

하여 정기적으로 이주자의 목소리를 수집하고 시책에 반영하는 것이 중요하다.

그 외에도 ⑩ 수용 지역에서 다양한 주민이 함께 행복하게 살기 위한 의논의 장을 설치하거나, ⑪ 과거의 실패 사례나 반성을 기초로 받아들이는 장치 만들기도 효과적이다.

이렇게 이주자와 지역 주민의 갈등 실태와 그 극복방법을 정리했다. 심한 참견으로 여길지 모르지만 이주자뿐만 아니라 다양한 라이프스타일·워크 스타일을 실천하는 사람들을 정책적으로 지역에 유치하는 과정에서는 모두 함께 공생 방법을 생각해야 한다.

3-10
격차 확대를 막기 위해 정의(正義) 관점이 필요

이주 기회의 격차 확대를 야기하는 정책

이 책에서는 지방 이주와 이주촉진정책에 대한 다양한 과제를 검토했다. 그중에 이주 기회 격차 문제도 있다.

현재의 이주촉진정책에 따라 이주자를 이상적인 존재로 위치짓는 경향이 확대되면서 I턴, 육아세대, 이직 없는 이주자, 창업가적 이주자라는 특정 이주자만 우대하고 U턴이나 평범한 이주자를 상대적으로 도외시하는 경향도 확대되고 있다.

이주뿐만 아니라 사람들의 이동을 둘러싼 격차는 확대되는 중이다. 이주 기회 격차를 방치하면 이주할 수 있는 사람과 이주 할 수 없는 사람의 격차가 더 벌어질 것이다. 또한 이러한 격차 확대에 정책이 영향을 끼치기도 한다.

모빌리티 정의라는 사고방식

이주 기회 격차 확대에 대해 보다 나은 대처를 위해 모빌리티 정의

(mobility justice)라는 개념을 참고할 필요가 있다. 이는 이동의 정의나 이동의 공정성을 의미하는 사회학 개념이다.

이 개념을 제안한 사회학자 미미 셸러(Mimi Sheller)는 모빌리티 정의는 '권력과 불평등이 이동성을 둘러싼 통치나 제어에 영향을 끼쳐 사람, 자원, 정보 순환에서 불평등한 이동성과 정체를 야기하는 것을 판단하기 위한 포괄적 개념'이라고 말한다.[179]

지방 이주라는 일종의 이동은 본질적으로 다양한 권력의 영향을 받으며 동시에 다양한 불평등도 내포한다. 이 권력이나 불평등이 이주를 둘러싼 정치적·정책적 관여나 사회적 제약에 어떤 영향을 끼치는가.

이주할 수 있는 사람이 있는 한편 이주할 수 없는 사람에게는 어떤 패턴이 있고 그것은 어떻게 형성되는가. 그러한 의문의 해답을 제시하는 것이 모빌리티 정의 개념이다. 여기에서 정의는 사회적으로 바른 상태, 이동이나 그 기회의 불평등을 중시하는 개념이기도 하다.

모빌리티 정의는 이민난민, 교통 인프라, 에너지나 자원 이동 등 글로벌한 이동에도 적용된다. 동시에 비도시 공간, 즉 지방에 대한 다양한 접근성과도 관련 있다.[180] 이 경우 접근성에는 이주촉진정책이나 각종 지원 등에 대한 접근성도 포함된다.

---

[179] Sheller, M. 2018. *Mobility Justice : The Politics of Movement in an Age of Extremes*. VERSO(최영석 역. 2019. 『모빌리티 정의 : 왜 이동의 정치학인가?』. 앨피). (역주)

[180] Sheller, M. 2019. "Theorizing mobility justice", Cook, N., Butz, D. eds, *Mobilities, Mobility Justice and Social Justice*. Routledge : 22~36.

인종, 젠더, 연령, 장애에 대한 배려

미미 셀러는 불공정한 이동이 야기되는 인종, 젠더, 연령, 장애 등에 주목하자고 제안한다. 이는 지방 이주·이주촉진정책에도 시사하는 바가 크다. 많은 지자체의 이주촉진정책은 때로는 특정 이주자나 가족상을 이상화한 나머지 거기에 해당하지 않는 사람들을 배제하는 경우가 있다.

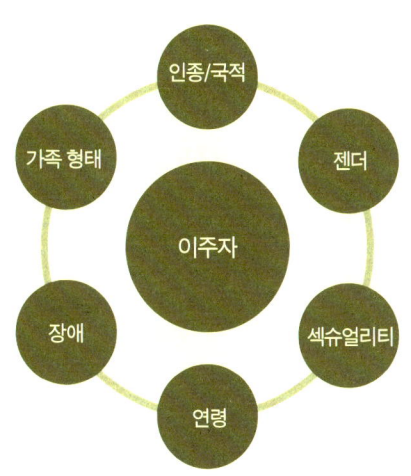

〈그림 3-10-1〉 이주자를 고려하는 다양한 관점

예를 들어 청년 중심 지원정책은 장년층의 소외감을 야기하고, 이주 여성,[181] 이주 결혼(이 책의 2-3장 참조), 싱글맘 이주 등 여성의 이주 지원이 늘면 기존의 분류에 해당되지 않는 LGBTQ는 소외감을 느낄 것이다.

---

181) 伊佐知美, 2017, 『移住女子』, 新潮社.

또한 일본의 지방 이주 정책에서는 이주자=일본인이라는 편향성이 강하고 (이전부터 존재했던) 외국인의 국내 이주는 무시하는 경향이 있다.[182] 최근 지역부흥협력대제도 확충을 위해 외국인 대원에 대한 지원이 두터워지고 있지만 인종이나 국적이라는 관점은 기존의 이주촉진정책에서는 빠져 있는 부문이다.

분배적 정의와 숙려적 정의

이상과 같이 다양한 속성·입장의 사람들을 염두에 둔 이주촉진정책을 전개하면 격차 확대를 방지할 수 있다. 그렇다면 어떻게 정책을 구현할 수 있을까. 다시 한 번 미미 셸러의 말을 인용해보자.[183]

미미 셸러는 공정한 지속가능성을 이야기한다. 이는 기존 공간에 대한 접근성을 높이며 달성하는 '분배적 공정'을 필요로 한다. 동시에 어떤 활동을 보호할지, 어떤 활동이 축소되어야 하는지를 결정하는 실질적 가치에 대한 깊은 숙려도 필요하고 나아가 그 구분이나 광범위한 분배와 관련하는 '숙려적 정의'가 중요하다고 지적한다. 이를 이주촉진정책에 적용해보자.

---

182) 伊藤将人. 2023. "戦後日本における移住言説の変遷―1980-2000年代の雑誌分析より―." 日本メディア学会 理論研究部会 第38期第22回研究会.

183) Sheller, M. 2024. "Mobility Justice and Sustainable Futures." (Dijk, M, V., Vermeersch, L. eds. 2024. *Mobility/Society : Society Seen through the Lens of Mobilities*. Lars Müller Publishers : 142-144)

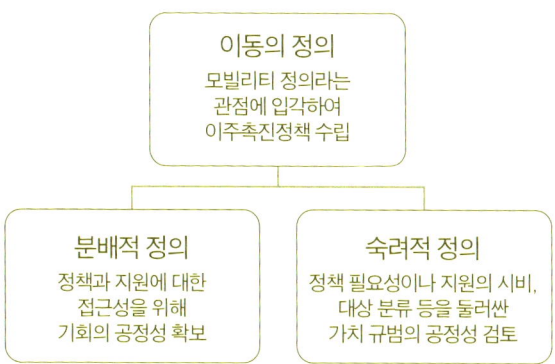

〈그림 3-10-2〉 이주촉진정책의 다차원적 정의

 격차를 줄이고 다양한 사람이 공정하게 이주 지원이나 이주 기회에 접근하기 위해서는 우선 지원이나 접근 기회를 분배하는 정책을 설계해야 한다.
 그 다음, 어떤 정책을 어떤 대상에, 지원을 줄일지 늘릴지를 규정하는 가치나 규범을 신중하게 검토해야 한다. 구체적으로는 다양한 입장의 의견을 정책에 반영하고 상위 정책이나 주변 지자체의 동향에 휩쓸리지 않고 정책을 유지할 수 있는 핵심 가치에 대한 논의가 필요하다.
 보다 공정하고 지속가능한 이주촉진정책을 실현하기 위해서는 구체적인 방법(How to)이 아니라 이러한 추상적 개념을 고려하며 항상 왜(Why)를 묻는 것도 중요하다. 성급히 미래계획을 만들기 전에 부디 한 번 이런 접근을 실천해보자.

3-11
이주하고 싶은 사람을 늘릴 것이 아니라 이주하고 싶은 사람을 격려하는 정책으로

중장기적 관점과 지속가능한 방법으로

이 책은 공정하고 지속가능한 이주 촉진을 위한 현상 인식, 주요 키워드, 사고방식, 방법 등을 논의했다. 지금까지의 정부나 지자체가 추진한 대부분의 이주 촉진은 "이주자를 어떻게 늘릴까?"만 중시해왔다. 그리고 이주자 수나 이주 상담자 수를 늘린다는 목표설정은 본래의 목적을 도외시하고 수단의 목적화라는 모순이 발생할 수 있음을 강조했다.

이주자나 이주 상담자 수를 늘리고자 하는 사고방식에는 자신의 지역에 이주하고 싶은 사람을 늘린다는 발상이 전제되어 있다. 미시적이고 중장기적인 관점으로 보면 이런 발상은 한정된 인구를 놓고 지자체 간 경쟁을 부추기는 방식에 불과하다.

또한 지역에 대한 인지가 없는데 0에서 1을 만드는 것처럼 억지로 이주자를 늘리는 것은 현실적이지도 않고 지속가능한 일도 아니다.

이주하고 싶은 사람을 격려하고 장애물 극복을 지원하는 정책

마지막으로 제안하는 것은 이주자나 이주 희망자를 늘리려고 하기보다 격려하는 정책으로의 전환이 필요하다는 것이다. 좀 더 쉽게 말하면, 그 지역에 이주하고 싶다고 생각하지만 뭔가 벽을 느껴서 실현하지 못하는 이들에게 벽을 극복하고 벽을 부수는 지원을 하며 격려하는 정책이 필요하다.

격려하는 이주 촉진으로 전환하는 것은 다양한 지역에서 다양한 사람과 만나고 대화하며 내가 깨달은 결론이기도 하다.

그런 의미에서 효고현, 이와테현, 나가노에서 인터뷰한 조사 결과를 소개한다. 각 지역에서 "당신은 자신의 지역에 이주자가 늘어서 기쁜가요?"라고 물어보니 80% 이상이 "이주자가 늘기 바란다"라고 응답했다. 이어서 "정부나 지자체의 이주 촉진으로 이주자를 늘리는 정책을 계속해야 할까요?"라고 물어보니 "하지 않아도 좋다", "그렇게까지 하지 않아도 된다"는 응답이 절반 이상이었다.

이 일련의 조사를 통해 지방 이주에 관한 지역 주민의 사고방식과 정부나 지자체의 사고방식 간에 격차가 있다는 생각이 들기 시작했다. 또한 정책적으로 이주 촉진하는 것의 정당성, 이주 촉진의 본질적인 의미를 고민하는 계기도 이 조사이다.

고민한 결과, "이 지역이 좋다", "이 지역 사람들과 함께 살고 싶다"고 생각하지만 여러 가지 벽이 있어 행동으로 옮기지 못하는 사람들을 격려하는 것이 중요하다고 결론지었다.

지역 정책의 왕도 시행으로 간접적인 이주 촉진을 이룬다

이 책은 이주 촉진을 추진하되 공정하고 지속가능한 정책에 대한 고민이 필요하다는 것을 강조했다. 물론 학계에서는 이주촉진정책의 효과를 부정하는 의견도 있다.

예를 들어 정부와 지자체가 장기간 시행한 이주정책과 U·I·J턴 지원 사업이 전국적 차원에서 보면 효과가 없다고 분석한 연구결과가 있다.[184]

또한 청년세대를 대상으로 정주촉진을 위한 주택 지원 사업은 효과가 없으므로 지자체는 단기적 인구증가정책보다 중장기적인 인구감소 대응책을 마련해야 한다는 주장도 있다.[185]

역사적으로 보면 고도 경제성장기까지 지방이주촉진정책은 없었다.[186] 그러나 당시에도 지방으로 이동하는 인구는 존재했고 이동을 유도하려는 움직임도 있었다.

경제학자 야마자키 아키라(山崎朗)는 지역정책의 관점에서 중요한 지적을 했다.[187] 그는 지역정책의 왕도는 사람이나 지자체에 직접 보조금을 주는 것이 아니라 지방에 대한 일자리 이동과 일자리 창조를 해야 한다고 말했다.

그러나 서비스 경제화, 글로벌화, 지식경제화, 도시화 시대에 소도시

---

184) 永井保男. 2014. "国内移住の人口学." 『中央大学経済研究所年報』 Vol.45 : 653~687.
185) 豊田奈穂. 2021. "定住促進政策の居住地選択行動." 『経済系』 Vol.282 : 108~113.
186) 伊藤将人. 2023. 「戦後日本における地方移住政策の登場と変遷 : 政策的移住促進というアイディアと人材としての「移住者」への期待」. 히토쓰바시대학 사회학연구과 박사학위논문.
187) 山崎朗. 2017. "地方創生の政策課題と政策手法." 『経済学論纂』 57(3·4合併号) : 375~395.

나 농산촌에 고도의 일자리를 만드는 것은 인터넷 관련 위성사무실 등을 운영할 수 있는 일부 업종을 제외하면 불가능하다.

따라서 지역정책의 왕도인 지방의 일자리 이동이나 일자리 창출은 장기적 과제가 되었다. 인구 감소 심화와 인재 부족 등의 과제를 보다 신속하게 해결하기 위해 KPI를 설정하고 특히 지방창생정책 실시 후로는 왕도를 벗어나 단기미봉책만 시행하는 것 같다. 그저 이주자 수나 이주상담자 수를 KPI에 포함시켜 그 결과에 일희일비하고 있을 뿐이다.

사고실험으로 가능성을 찾다

지역정책의 왕도로서 일과 주거를 확보하도록 지원하는 것은 이주 촉진보다 중요하다. 원격근무/재택근무가 확산된들 신칸센이나 비행기, 장기적으로는 자기부상열차 등 장거리 고속이동수단이 개발되어도 통계적으로 보면 실제로 그런 방식으로 이주한 사람은 일부에 지나지 않는다.

평범한 이주자(이 책의 3-2장 참조)를 격려하는 것은 이주 자체를 지원하는 직접적 이주 촉진이 아니라 산업기반 활성화나 안정화, 저렴한 주거 확충 등 간접적 이주 촉진방식일 수도 있다.

이주 촉진을 시행하지 않는다는 것은 정책적으로 사람의 이동 촉진을 모두 그만둔다는 것이 아니다. 일종의 사고실험(思考実験)으로써 이주 촉진 예산을 다른 곳에 돌려 직접적 이주 촉진 이상으로 이주자를 격려하거나 지원 가능한 가능성을 모색한다는 것을 의미한다.

　이것이 공정하고 지속가능한 이주 촉진을 실현하기 위해 필수적이다. 이주 촉진이라는 횡렬적 경쟁에서 탈피하는 선택이 넓은 의미로는 지방 이주 프로모션으로 연결될 가능성이 있다는 것을 잊어서는 안 된다.

부록

지방 이주 분야 추천도서 10권

이 책에서는 지방 이주와 이주 촉진에 대해 폭넓게 해설했다. 지금까지 이주 촉진을 이처럼 전면적으로 쉽게 설명한 책은 없을 것이다. 물론 그럼에도 불구하고 소개하고 해설하고 싶었지만 하지 못한 것도 많이 있다.

마지막으로 좀 더 지방 이주에 대해 알고 싶은 분들에게 유용할 것 같은 추천도서 10권을 소개한다. 조금 어려운 책도 있지만 꼭 읽어보길 바란다.

〈추천도서의 난이도와 특징〉

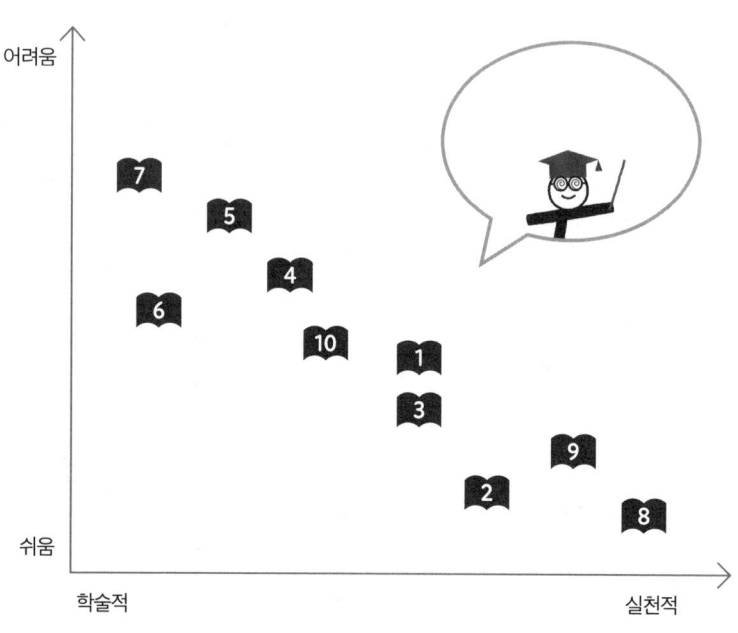

山崎義人・佐久間康富 編. 2017. 『住み継がれる集落をつくる : 交流・移住・通いで生き抜く地域』. 学芸出版社.

지방 이주를 포함한 현대사회의 이동성 문제를 고찰하고 지속가능한 지역 실현을 위한 해결책을 제시한 책이다. 지방 이주나 교류를 주제로 '지역'을 다루는 것이 특징이다. 특히 4장과 6장에서는 이주자 수용에 대한 사례 및 시사점을 얻을 수 있다.

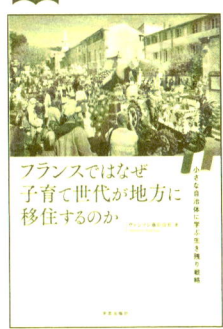

ヴァンソン藤井由実．2019.『フランスではなぜ子育て世代が地方に移住するのか : 小さな自治体に学ぶ生き残り戦略』．学芸出版社．

수도권 인구 유출에서 지방 회귀 시대로 전환한 프랑스 사례를 소개한다. 왜, 어떻게 지방 이주 청년이나 육아세대를 지원하게 되었는가를 취재와 인터뷰로 정리한 책이다. 이주 촉진에 대한 해외사례를 구체적으로 알 수 있고 책을 통해 용기와 희망이 생긴다.

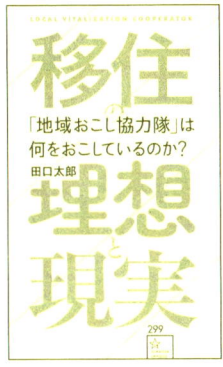

田口太郎．2024.『「地域おこし協力隊」は何をおこしているのか? 移住の理想と現実』．講談社．

지역부흥협력대를 다룬 기존 책들과는 다르게 제도의 성립과정, 배경, 목적과 지역 재생에 있어서의 의미를 근본적으로 다룬 책이다.
'인재로서의 이주자'라는 사고방식의 계보와 이점, 과제 등이 상세히 잘 소개되어 있다.

大森弥・小田切徳美．2016.『series田園回帰(3) 田園回帰の過去・現在・未来』．農山漁村文化協会．

청년과 육아세대 중심으로 진행되는 '시골회귀' 현상을 실태, 선진사례, 학술적 분석 등으로 정리한 시리즈의 세 번째 책이다(전체 시리즈는 8권).
시골회귀에 대한 이상적인 자세는 도시와 농촌이 대립하는 것이 아니라 공생으로 이루어져야 함을 강조한다. 3권은 특히 시골회귀의 이상과 역사 등을 잘 정리했다.

筒井一伸. 2021.『田園回帰がひらく新しい都市農山村関係：現場から理論まで』. ナカニシヤ出版.

시골회귀에 대해 농산촌의 지역 만들기 관점으로 잘 정리한 책이다.

특히 서문과 제1장에서 시골회귀의 역사와 광역 지자체의 이주자 정책 및 실태 등 기초 정보를 상세히 소개한다.

山下良平・齋藤朱未 編. 2017.『移住者の実態からみる都市農村関係論』. 北斗書房.

농촌연구·농촌계획연구를 하는 신진연구자들이 지방이주의 실태와 도시농촌의 더 좋은 관계 구축을 위한 제안을 한 책이다.

실제로 이주한 연구자 당사자의 경험에 기반하여 커뮤니티·U턴, 지역부흥협력대, 이주자와 농업, 네트워크, 재해 등 관련 제도와 현상을 분석한다.

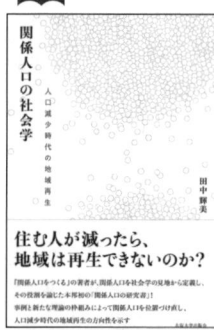

田中輝美. 2021.『関係人口の社会学 ： 人口減少時代の地域再生』. 大阪大学出版会 (김기홍 역. 2024.『관계인구의 사회학 : 인구감소시대의 지역재생』. 한스하우스.).

'관계인구'에 대한 종합적인 소개서이다. 정부나 지자체가 추진하는 지방이주촉진정책과 관계인구촉진정책의 관련성과 차이점을 잘 정리했다.

이들 정책의 좋고 나쁨보다는 주체들이 지역에서 목표로 하는 것과 미래 전망을 어떻게 설정하는가를 주로 논의한다.

田畑昇悟. 2022.『「集落の教科書」のつくり方：移住者を助けるガイドブック』. 農山漁村文化協会.

서로간의 갈등을 방지하고 '마을 교과서'를 통해 이주자를 지원하고자 하는 소개서이다. 마을 교과서 작성 방법 및 강한 규칙, 유연한 규칙, 사라지는 규칙, 규칙 개선안 그리고 관례와 풍습에 대한 부분을 체계적으로 잘 정리했다.

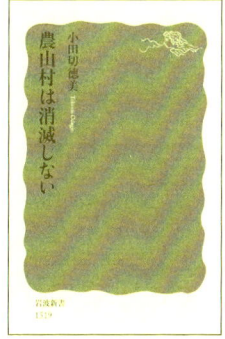

小田切徳美. 2014.『農山村は消滅しない』. 岩波書店 (부혜진·정유경 역. 2028.『농촌은 사라지지 않는다』. 한울.).
정부나 지자체의 이주촉진정책에 큰 영향을 준 '마쓰다 리포트'를 비판적으로 다루며 과소화나 초고령화에 처한 농산촌에도 청년 유입이 발생하여 가능성이 형성된다는 주장을 전개한 책이다.

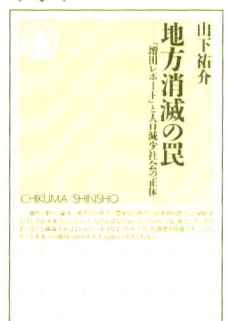

山下祐介. 2014.『地方消滅の罠：「増田レポート」と人口減少社会の正体』. 筑摩書房.

9번 책과 같은 관점으로 '마쓰다 리포트'의 문제점을 지적하고 지방을 지키기 위한 필요 논리와 길잡이를 제시하는 책이다.
지방이주 사례를 소개하고 분석하여 정책적인 문제나 유의사항 등을 제시한다.

| 끝내며 |

이 책은 지방이주정책을 다룬다. 특히 제3부의 중심 내용은 대부분의 지역에서 보이는 정책의 문제와 그것을 극복하는 방안에 대한 것이다.

예를 들어 과도한 지자체 간 경쟁은 육아 지원이나 고향납세 등의 정책과 관련 있다. 이동 기회의 격차 확대는 관광 인바운드, 관계인구, 두 거점 거주, 위케이션 등의 정책과 관련 있다.

오늘날 지역정책이 직면한 과제에는 공통의 시대 배경과 정치적·사회적 맥락이 작동한다. 신자유주의 정치 상황과 축소사회를 배경으로 지역 간 경쟁 심화, 하드형 지역정책에서 소프트형 지역정책으로 이행하면서 지역과 관계하는 사람들의 능력이나 유능함에 과도하게 집중하는 경향이 있다. 또한 새로운 관리 시스템 등장과 보급으로 양적 지표를 지향하고, 과도한 측정 및 평가 기준의 폐해도 심화되고 있다.

이 난제들을 바르게 파악하고 극복하기 위해서는 이 책이 제안한 '전제나 상식을 의심하는 관점', '공정으로 대표되는 논리나 바름, 가치관에 대한 착안'이 필요하다. 복잡하고 불투명한 과제에 직면하여 신속한 대응을 서두르는 이 시대에 보다 중요한 것은 '어떻게'가 아니라 '왜?'라는 질문이다.

즉, "어떻게 빠르게 해결방법을 찾을까?", "목적을 설정하고 어떻게 최단 시간에 도달할까?"만이 바른 접근법이 아닌 것이다. 부디 이 책을 통해 공정하고 지속가능한 이주정책이나 지역정책의 실천이 이루어지기 바란다.

이 책의 출판에 많은 분들의 도움을 받았다. 이 책의 내용은 대학원에서 배우고 연구하며 다양한 지역을 방문한 결과에 기반한다. 도멘 다카히로(堂免隆浩) 선생님과 대학원 세미나 멤버를 비롯하여 도움받은 많은 분들께 감사드린다.

또한 코로나 기간에 조사를 실시하고 나서 조사결과를 모두 반영하지 못했거나 미처 감사를 못 드리고 폐 끼친 분들도 많다. 그 점을 사과드리는 동시에 그 모든 조사내용이 이 책의 기초가 된 점을 알려드린다.

마지막으로 이 책이 나오기까지 두 분의 도움이 있었다. 한 분은 수년전부터 정기적으로 학습회를 개최하는 연구자이자 다양한 인생 선배로서 많은 가르침을 주신 다카키 고스모(高木超) 씨다. 다카키 씨에게 이 책의 상담할 때, 마쓰모토 씨를 소개받지 않았라면 이 책은 나오지 못했을 것이다.

또 한 분은 학예출판사의 마쓰모토 유마(松本優真) 씨다. 마쓰모토 씨의 제안과 조언이 없었다면 학술성과 현장의 유용성을 양립한 구성이 되지 못했을 것이다. 마음 깊이 감사를 드린다.

| 역자 후기 |

지방이주정책의 방향, 살 만한 지역이 먼저다

지인이 번역원고를 보더니 "이주 정책에 대한 CT촬영을 한 것 같다"고 평했다. 매우 정확한 평가다.

이 책은 이주 현실에 대한 다양한 데이터를 바탕으로 현실을 분석하고 대안을 제시한 책이다. 그저 지방으로 가는 이주일 뿐이라고, 아니면 이주는 해외이주할 경우에만 쓰는 표현이라고 생각할 사람도 있겠지만 책을 읽다 보면 단순한 이주가 아니라 여러 이주형태가 있고 그러한 이주를 둘러싸고 어마어마한 문제들이 엮여 있다는 것을 실감할 것이다.

지방 이주에 대한 사회적 관심이 2010년대부터 급증한 것은 한국과 일본 공히 공통적으로 나타나는 현상이다. 우리의 지방자치가 30년간의 공백을 지나 1991년에 재개되었고, 일본은 공백 없이 계속 제도를 유지한 차이에도 불구하고 '지방 이주'라는 사회적 현상은 거의 동시에 확산되었다.

국내외적으로 경제적 상황과 사회적 상황이 위기에 처하여(일본은 2011년 동일본대지진이라는 자연재해까지 더하여) 개인의 선택이 지방으로 향한 것일 수도 있고, 정부가 나서서 여러 정책을 통해 지방 이주를 촉진시키려고 노력한 것일 수도 있다.

물론 도시가 싫고 지방이 좋아서 간다고 단순하게 분석할 문제는 아니다. 시기별, 성별, 사회경제적 조건 등 다양한 이유로 이주가 진행된다. 다양한 이유가 있기 때문에 엄밀한 분석이 이루어져야 하는데 현실은 그렇지 않다.

사회학자로서 저자의 문제의식은 여기에서 출발한다. 이주가 사회현상으로 존재한다면 왜 제대로 된 이주 데이터는 없는가. 이 책을 번역하기로 결정한 이유 역시 마찬가지다.

그가 진행하고 발표한 연구성과를 엮은 31개의 글로 이루어진 이 책은 길이가 짧고 주장도 분명하여 읽기 편하다. 마치 에세이 모음집처럼 읽으면 좋을 것이다.

독자들의 이해를 돕기 위해 이토 박사의 지방 이주에 대한 팩트 체크를 핵심 주장별로 간략히 재구성하면 다음과 같다.

지속적인 이주에 대한 관심이 있었다

코로나 위기와 시골살이에 대한 관심 때문에 최근 지방 이주에 대한 관심이 느는 것이 아니다.[188] 이미 30년 이상 관심은 이어졌다.[1-1장]

정부의 이주촉진정책도 수십 년간 확대되었다. 특히 과소 대책, 인구 감소 극복, 인재 활용은 정책의 핵심 가치로 이어지고 있다.[1-6장]

최근엔 다양한 형태의 이주가 진행되고 있다

이주 창업,[2-1장] 교육 이주,[2-2장] 이주 결혼,[2-3장] 요양 이주,[2-5장] 성지 이

---

188) 이토 박사와 유사 자료를 근거로 연구를 진행한 코로나 시기의 이주 연구 성과는 이수진. 2022. "코로나19 팬데믹 이후 일하는 방식의 변화와 새로운 라이프스타일의 탐색 : 코로나19 팬데믹 이후에 실시된 일본 내각부 조사자료를 중심으로." 『가족자원경영과 정책』26(3) : 87~106. 참조. (역주)

주,[2-7장] 다운 시프트,[2-4장] 라이프스타일 이주,[2-8장] 이직 없는 이주,[2-10장] 그리고 관계인구.[2-6장]

그러나, 현실은 이주 양극화가 발생하고 있다

코로나 때문에 이주가 증가한 것이라고 보기도 어렵다. 기업이 나서지 않으면 원격근무/재택근무 자체가 불가능하다. 이주의 양극화 현상도 무시 못 할 특징이다.[1-5장]

루럴·젠트리피케이션 위험도 감안해야 한다

루럴·젠트리피케이션은 원래 도시권에서 일어나던 젠트리피케이션이 지방 농촌에서 일어나는 것을 의미한다… 루럴·젠트리피케이션의 가장 큰 문제는 그로 인해 발생하는 이익을 누리는 이주민과 누리지 못하는 지역 주민 간에 격차가 존재한다는 것이다.

일시적으로 인구 늘리기만 추구하고 건물만 신축할 것이 아니라 장기적인 관점에서 지역이 본래 가져야 할 자세를 성찰하며 그 가운데 루럴·젠트리피케이션에 대해서도 진지하게 고려할 필요가 있다.[2-9장]

무엇보다, 이런 현실을 정확히 알 수 있는 데이터가 필요하다

구체적인 이주 희망자는 2% 정도에 불과하다.[1-2장] 그 이유는 과반수 이상이 (지방 이주에 관심 있어도) 일자리 때문에 떠나지 못하기 때문이다.[1-3장] 이주를 한다고 해도 도시권으로만 가는 경향이 있다.[1-5장] 따라서 주민 및 이주자에 대한 정확한 실태조사가 필요하다.[3-7장]

오는 이유뿐만 아니라 떠나는 이유도 조사해야 한다

현실에 대한 데이터가 부족하다. 특히 전입 인구에만 매몰될 것이 아니라 전출 인구와 그 원인에 대해서도 꾸준히 조사한 데이터가 많아야 한다.

지방 이주를 안하거나 못하겠다는 사람, 지방으로 이주했다가 포기하는 사람의 이유는 성별, 사회경제적 이유에 따라 다르다.[1-4장, 1-5장]

그렇다고 퍼주기식 이주 지원금을 지급하는건 위험하다

1990년대부터 과감한 이주 지원금이 추진되었지만 '돈 끊기면 인연도 끊기는' 상황이 되지 않기 위해 비금전적 지원도 동시에 두텁게 추진해야 한다.[1-9장] 또한, 성급히 경쟁적으로 정책을 발표하기 전에 오해를 방지하도록 주의해야 한다.[1-7장]

그리고 다양한 시선으로 정책을 구성해야 한다

정부와 지자체의 정책 촉진 대상으로써 지방 이주에 대한 시선을 정책적 시선, 대도시의 신문·잡지사와 웹미디어, 이주 희망자 등 도시와 소비자의 지방 이주에 대한 시선과 표상을 소비적 시선. 이 두 개의 시선도 농촌 공간에 대한 시선처럼 소비적 시선은 지방 이주의 상품화를 야기하고 정책적 시선은 민간기업의 이주 순위 등 상품화된 평가에 따라 정책 정당성을 확보하고 있다.[2-12장]

관광 경험은 0에서 1을 만드는 가장 효과적인 방법일 수 있다
무조건 이주를 재촉하기보다 지역을 알고 관심 가질 수 있는 관광 경험 활성화를 통해 지역에 대한 긍정적 감각이 형성되게 하자.[1-8장]

아울러 정책적으로 다음과 같은 사항을 보완해야 한다
U턴 지원 확대,[1-10장] 돌아오고 싶은 마을을 궁리,[1-10장] 광역 연대,[3-6장] 단계적인 2단계 이주,[3-6장] 다각적인 정의 개념 적용,[3-10장] 이주정책 담당자의 개인적 경험 살리기,[3-8장] 대부분의 이주자는 평범한 삶을 원하므로[3-2장] 무작정 인구 늘리기가 아니라 격려,[3-1장, 3-11장] 양과 질의 이분법 탈피,[3-3장] 이주 순위에 끌려다니지 말고,[3-5장] 인구 중심 KPI가 아닌 가치관 변화를 측정하는 KPI를 상정한 정책을 수립해야 한다.[3-4장]

이러한 내용들은 개인들에게 '제대로 알고 이주하자'는 메시지를 던지지만 더 중요한 것은 행정에게 '더 잘 알리고 노력하며 이주 정책을 추진해라'라고 말하는 것이다. 그리고 이주보다 우선하는 것은 살 만한 지역을 만드는 것이라는 본질적 의미를 내재하고 있다.

이주가 목적이 아니라, 이주하기 좋은 지역 만들기가 문제가 아니라 인간은 어디에서든 잘 살아야 한다라는 '상식적인' 이야기를 말하고 있는 것이다.

2024년에 박사학위를 받은 저자는 어느날 갑자기 일면식도 없는 내게 이메일을 보내 책 소개를 하면서 번역할 의사가 있는지 물었다. 저자가 보내준 자료와 따로 이런저런 자료를 검색해보니 당연히 번역하고 픈 책이었다.

돌아보면, 아니 지금도 내가 연구하는 분야에서는 '인구 감소'와 '지역 위기'를 세트로 강조하며 많은 정책과 사업이 추진된다. 올해 우리나라가 초고령사회에 진입했고 새 정부는 다방면에 AI 적용을 강조하고 있으니 앞으로 이 '세트'에는 고령화와 AI도 추가될 것이다.

일본은 1947년에 「지방자치법」을 제정했고, 우리나라는 1948년에 제정했다. 그 후로 한일 양국에서 어떤 지역지원제도가 행해졌는지 80여 년의 역사를 정리 중이다. 그 안에 최근 10여년간 촉진되기 시작한 인구정책과 이주정책이 있다.

아무리 보아도 양국에서는 지방이 주체로 보이지 않고 다양한 주체에 대한 유연한 대응도 보이지 않는다. 그저 실적 경쟁과 과대 홍보, 그리고 영양가 있는 실적 이전에 성급한 선언만 보인다. 좀 더 강력한 지방분권, 좀 더 상식적인 기본권 실현이 절실한 시기다.

이주는 이동권의 문제가 아니라 생활 기본권에 대한 문제다. 이 책을 통해 지역의 기본권과 이주 문제가 제대로 검토되길 바란다.

2025년 11월
역자를 대표하여
조희정

로컬 팩트 - 공정하고 지속가능한 로컬이주정책을 위하여

초판 인쇄 2025년 11월 20일
초판 발행 2025년 11월 20일
저자 이토 마사토
역자 윤정구·조희정

발행인 서복경
펴낸곳 더가능연구소
판매처 이숲

주소 04071 서울특별시 마포구 성지길 36-12, 2층 (합정동, 꾸머빌딩)
전화 (02)336-4050
팩스 (02)336-4055
이메일 book@theposslab.kr
인스타그램 @poss_lab

표지 디자인 이상용
제작 이숲

ISBN 979-11-981812-9-9 93330
※ 값은 뒤표지에 표시되어 있습니다.
※ 잘못된 책은 구입처에서 교환해 드립니다.